D1872258

GÜTERSLOHER
VERLAGSHAUS

KINDER GOTTES DIENST 2014 praktisch

Mit Kindern
Glauben feiern
und verstehen

Eine Arbeitshilfe zum Plan für den Kindergottesdienst

Herausgegeben von Urd Rust

unter Mitarbeit von Susanne Betz, Doris Dirwald, Karl-Heinz Dirwald, Uwe Huchthausen, Beate-Michaela Jöst, Brigitte Messerschmitt, Gottfried Mohr, Julia Neuschwander, Kerstin Othmer-Haake, Anke Schäfer, Jutta Schitter, Dirk Schliephake, Christine Wolf und Peter Wolff

Gütersloher Verlagshaus

Bibliografische Information der Deutschen Nationalbibliothek
Die Deutsche Nationalbibliothek verzeichnet diese Publikation in der Deutschen Nationalbibliografie; detaillierte bibliografische Daten sind im Internet über https://portal.dnb.de abrufbar.

FSC
www.fsc.org
MIX
Papier aus verantwortungsvollen Quellen
FSC® C005833

Verlagsgruppe Random House FSC® N001967
Das für dieses Buch verwendete FSC®-zertifizierte Papier
Munken Premium Cream liefert Arctic Paper Munkedals AB, Schweden.

1. Auflage

Umschlagmotiv: © Michaela Steininger – Fotolia.com
Satz: Satz!zeichen, Landesbergen
Druck und Einband: Těšínská tiskárna, a.s., Český Těšín
Printed in Czech Republic
ISBN 978-3-579-07490-0

www.gtvh.de

Inhaltsübersicht 2014

Folgende Liederbücher finden im Rahmen der Kindergottesdienstarbeit immer wieder Verwendung. Auf sie wird innerhalb einzelner Beiträge hingewiesen:

KG	Andreas Ebert, Das Kindergesangbuch ..., München 1998
KiKiHits 44	Reinhard Horn u. a., Kinder-Kirchen-Hits, Lippstadt 2008
MKL I+II	Menschenskinderlieder Band 1 + 2, Zentrum Verkündigung, Frankfurt a. M.

Vorwort

Liebe Mitarbeitende in der Kirche mit Kindern,

wieder ist ein Band unseres kreativen Vorbereitungsbuches fertig und wir versuchen auch in diesem Jahr wieder etwas Neues. Ab diesem *Kindergottesdienst praktisch*-Band, der Materialien für die Kindergottesdienste im Jahr 2014 bietet, haben die NutzerInnen unseres Buches die Möglichkeit, sich Zusatzmaterial aus dem Internet herunter zu laden. Im Buch weist das Symbol darauf hin, dass auf der Website www.kindergottesdienst-praktisch.de (Passwort: Kigo-2013!) farbige Fotos, eine ausführliche Bastelanleitung, eine Kopiervorlage, eine weitere Geschichte oder etwas Ähnliches zu finden sind. Wir hoffen, damit noch vielfältigere und flexiblere Konzepte und Ideen anzubieten und den individuellen Wünschen der NutzerInnen so gerecht zu werden. Auch dies ist ein Experimentierfeld und auf Ihr konstruktives Echo angewiesen.
Wieder haben sich erfahrene und kreative Menschen aus der *Kirche mit Kindern* viele Gedanken gemacht und keine Mühen gescheut, um passend zur Reihe des *Plans für den Kindergottesdienst* bunte Gottesdienste zu entwickeln und entsprechende Bausteine zu Papier zu bringen. Es macht mir schon ab dem ersten eintreffenden Beitrag einen Riesenspaß, die Vorschläge zu sichten, in Form zu bringen und für das Buch aufzubereiten. Manchmal habe ich die geplanten Geschehnisse schon deutlich vor Augen – und so soll es ja auch sein.
Praktisch finde ich die Idee von Peter Wolff, wenn viele Kindergottesdienste mit dem Krippenspiel beschäftigt sind, kleine Bausteine zum Motiv *Stern* zu entwickeln, die dann je nach Bedarf eingebaut werden und den Advent gestalten können. Mutig mit nicht so greifbaren Themen umgegangen sind Julia Neuschwander *(Wenn uns Unbegreifliches zustößt)* und Kertin Othmer-Haake *(So ist das mit dem Himmelreich)* oder auch Gottfried Mohr *(Alt und Jung von Gott getragen)*. Sie haben »Griffiges« daraus gemacht.
Das ist nur eine kleine Aufzählung der kreativen Vielfalt, die die AutorInnen in diesem Buch bieten. Ich möchte mich herzlich bei allen bedanken, die andere an ihrer Kreativität teilhaben lassen.

Und nun viel Freude beim Stöbern, beim Auswählen und beim Vorbereiten. Die Gottesdienste und Aktionen mit den Kindern seien gesegnet mit dem kreativen, fröhlichen schwungvollen Geist Gottes, der uns miteinander leben und feiern lässt!

Ihre
Urd Rust, Herausgeberin

;-)
DORT
wird unser
MUND
voll Lachens sein

Die Kindheit Jesu

05./06.01.2014
(2. Sonntag nach dem Christfest)
Ein ganz besonderes Kind
(Lukas 2,21–40)

12.01.2014
(1. Sonntag nach Epiphanias)
Der 12-jährige Jesus im Tempel
(Lukas 2,41–52)

Die beiden Geschichten gibt es nur im Lukasevangelium, und zwar im direkten Anschluss an die Weihnachtsgeschichte. Sie bilden somit das Bindeglied zu der Zeit, in der Jesus öffentlich reden und handeln wird. Sie sind geprägt von der besonderen Bedeutung Jesu als dem verheißenen Erlöser für das Volk Gottes. Beide Geschichten spielen im Tempel, nach jüdischem Glauben dem Wohnort Gottes auf Erden. In diesem Kind verwirklicht sich der Heilswille Gottes, das erkennen Hanna, Simeon und auch Maria. Die Geschichten beschreiben aber auch immer die Rückkehr in den Alltag mit seinen Eltern.
Die Kinder haben gerade wieder die Geburtsgeschichte Jesu zu Weihnachten in Krippenspielen erlebt. Sie haben gehört, dass dieses Kind etwas Besonderes ist. Und nun erfahren sie mit diesen beiden Texten etwas über die Familiengeschichte Jesu. Der war ein Kind wie viele andere Kinder seiner Zeit, und doch war er auch ein ganz besonderes Kind. Die Kinder sollen von der Liebe Gottes hören und sie spüren. Sie sollen erfahren, dass sie dazugehören (besonders *Liturgieelemente*), wenn die Weihnachtsgeschichte so ihren Fortgang erfährt – bis in die heutige Zeit hinein.

Liturgische Gestaltung

Zusammenkommen – sich Gott zuwenden

Lichterkreis zu Beginn

In den Kindergottesdiensten wird (mindestens) eine Kerze auf dem Altar oder in der Mitte entzündet und ein Licht-Deute-Wort gesprochen; z. B. »Wir entzünden diese Kerze für Jesus, der von sich gesagt hat: »Ich bin das Licht der Welt. Wer mir nachfolgt, wird nicht im Dunklen gehen, sondern das Licht des Lebens haben.«
Im Anschluss entzündet jedes Kind ein Teelicht an der großen Kerze für das Nachbarkind, z. B. verbunden mit dem Satz: »N.N., dieses Licht brennt für dich. Schön, dass du da bist.« Alle Lichter ergeben dann einen großen Kerzenkreis um die Jesus-Kerze herum. *Für die vorgeschlagene Segensbitte (siehe unten) kann dann wieder darauf zurückgegriffen werden.*

Psalmgebet

Gott, Du meinst es gut mit mir

Alle: **Danke Gott, Du meinst es gut mit mir.**
Du lässt mich nicht draußen stehen;
Deine Türen sind weit geöffnet.

1. Gruppe: Auch wenn ich etwas falsch gemacht habe:
Du bist nicht nachtragend,
sondern hast Geduld mit mir und nimmst mich auf.

2. Gruppe: Auch wenn Du Dich über mich geärgert hast:
Du zahlst es mir nicht heim,
sondern hast mich trotzdem lieb, darum sage ich:

Alle: **Danke Gott, Du meinst es gut mit mir.**
Du lässt mich nicht draußen stehen;
Deine Türen sind weit geöffnet.

1. Gruppe: Wie der Himmel die Erde umhüllt,
so umgibst Du mich liebevoll.

2. Gruppe: So weit der Morgen vom Abend weg ist,
so weit weg wirfst Du, was ich falsch gemacht habe,
so dass es mich nicht mehr bedrückt. Darum sage ich:

Alle: **Danke Gott, Du meinst es gut mit mir.**
Du lässt mich nicht draußen stehen;
Deine Türen sind weit geöffnet.

1.Gruppe: Wie liebe Menschen sich in die Arme schließen
und aller Streit, aller Zorn und Zank vergessen sind,
so machst Du auch alles wieder gut.

2.Gruppe: Die bösen Blicke werden wieder sanft,
mein ängstlicher Mund kann wieder lachen,
ich fühle mich wieder gut. Darum sage ich:

Alle: **Danke Gott, Du meinst es gut mit mir.**
Du lässt mich nicht draußen stehen;
Deine Türen sind weit geöffnet.

Klaus Bastian, aus: Ders.: Halleluja, Gott, ich freue mich, Beratungsstelle für Gestaltung von Gottesdiensten, Frankfurt 1996.

Sendung – Segen

Dieses schöne Segensritual macht deutlich, wie umfassend und erfüllend Gottes Segen sein kann. Dazu nehmen wir das Symbol des Lichts. Wir befinden uns noch in der Weihnachtszeit und den Kindern ist es von Weihnachten sicher noch vertraut.

Für jedes Kind benötigt man ein Teelicht (am besten in einem Glas). Ein(e) Mitarbeiter(in) spricht Zeile für Zeile langsam den Text und macht die entsprechende Bewegung dazu. Die Kinder wiederholen jeweils:

Gott, segne mich mit deinem Frieden!	*Mit der Kerze in der rechten Hand von der Körpermitte aus im Uhrzeigersinn einen großen Kreis vor dem Körper beschreiben.*
Der weite Himmel über mir.	*Die Kerze nach oben über den Kopf führen.*
Die stille Erde unter mir.	*Die Kerze nach unten führen.*
Ein Engel zu meiner Rechten.	*Kerze nach rechts zur Seite führen.*
Ein Engel zu meiner Linken.	*Die Kerze in die linke Hand übergeben und zur linken Seite führen.*
Und das Licht Christi in meinem Herzen.	*Die Kerze vor dem Herzen zur Ruhe kommen lassen.*

Aus: Jochen Arnold/Fritz Baltruweit/Christine Tergau-Harms: Tagesgebete, nicht nur für den Gottesdienst (ggg 4), © Lutherisches Verlagshaus GmbH, Hannover 2006.

Kurzgeschichte

Die Kurzgeschichte beschreibt, warum Lukas die beiden Kindheitsgeschichten erzählt haben könnte. Sie kann als Vorbereitung im Team gelesen werden oder den Kindern die Brücke von Gottes Geschichte mit seinem Volk Israel zur Geschichte Jesu und zu uns bauen. Als solche kann sie an beiden Sonntagen eingesetzt werden.

Lukas ist richtig zufrieden mit sich. So viele Geschichten hat er über Jesus schon gesammelt und aufgeschrieben! Aber es fehlt irgendwie noch etwas. Er hat schon überall nachgefragt, aber niemand kann ihm von Jesus erzählen, wie er als kleines Kind so war. Von vielen Königen und Feldherren gibt es solche Kindheitsgeschichten. In denen kann man schon dem Baby anmerken, dass es ein besonderer Mensch war. »Das will ich ja auch von Jesus erzählen,« denkt sich Lukas. »Sicher ist Jesus ganz besonders auf die Welt gekommen. Schließlich war Gott sein Vater!« Und Lukas stellt sich vor, wie es wohl gewesen sein kann in der Familie von Maria und Josef und dem kleinen Jesus. Er erzählt von der Geburt in Bethlehem, weil Jesus ja aus Davids Familie stammt. Er lässt arme Hirten als erste von dem Retter erfahren, erzählt von Engeln als Botschaftern und dass Jesus wie ein Licht in dunkler Nacht in unsere Welt kam. Lukas war sehr zufrieden. Das

war eine schöne Geschichte, die all das zeigte, was er glaubt: Jesus kam als Gottes Sohn zu uns!
»Und jetzt?«, fragt sich Lukas. »Wie soll ich weiter erzählen? Die nächsten Geschichten, die ich gehört habe, erzählen von Jesus als erwachsenem Mann.« Lukas denkt nach. Dann fällt ihm ein, dass die Eltern ihren ersten Sohn wohl wie alle jüdischen Familien einige Wochen nach der Geburt in den Tempel gebracht haben. Dort bedankt man sich bei Gott dafür, dass er einen Jungen geschenkt hat. Das kann Lukas schon richtig vor sich sehen, wie die vielen Menschen sich in den Tempel drängen, das Baby wird getragen – hat es die Mama oder der Papa auf dem Arm? Und jetzt *muss* doch jemand erkannt haben, dass dieses Kind ein besonderes ist! Das kann eigentlich nur jemand sein, der die Schriften der Propheten kennt und weiß, dass der Retter kommen wird. Vielleicht ein Mann oder besser eine Frau? »Besser ein Mann *und* eine Frau!«, murmelt Lukas vor sich hin. »Und die warten schon so lange, sind schon uralt und ...« Aufgeregt fängt Lukas zu schreiben an.
Einige Zeit später sieht man Lukas schon wieder nachdenklich an seiner Arbeit sitzen. »Jetzt brauche ich noch so eine Geschichte, wie es sie von großen Herrschern auch gibt«, denkt er. »Ich habe das neulich erst gelesen. Ich glaube, das war Alexander der Große. Da wird dann erzählt, dass er schon als 12-jähriger Junge – also wirklich noch nicht erwachsen – besonders klug war. Man merkt sofort, dass er schon so jung für seine spätere Aufgabe geeignet war. »Das muss doch bei Jesus auch so gewesen sein!«, denkt Lukas. »Und diese Geschichte muss auch im Tempel spielen. Das sind die Orte, wo Menschen Gott besonders nah kommen. Und man muss merken, dass Jesus ein richtiges Kind, aber auch besonders war. Vielleicht hat es Jesus dort hingezogen. Er wollte auch nahe bei Gott, seinem Vater, sein. Aber er war auch ein ganz normales Kind. Was tun ganz normale Kinder?« Lukas denkt und denkt. Plötzlich fährt er hoch: »Ich hab's!«, ruft er und fängt zu schreiben an.

Urd Rust

Kreative Ideen

Epiphanias

Hanna und Simeon sind dankbar, dass sie den versprochenen Heiland/das Licht der Welt sehen durften. Die Kinder sollen diese Freude der beiden im übertragenen Sinn (das Wesen von Licht) erfahren können.
Die Kinder verschließen ihre Augen mit den Handballen so fest, dass sie nichts mehr sehen können, es ihnen aber nicht wehtut. Nach einiger Zeit des Erlebens von Dunkelheit öffnen sie wieder ihre Augen und dürfen ihre Gedanken/Gefühle erzählen, die sie bei der Übung hatten.

Danach wird ihnen etwas geschenkt, das ihnen guttut. Sie müssen darauf warten, es dauert seine Zeit. Dafür sollen sie wieder die Augen schließen – dieses Mal ohne ihre Hände – nur die Augen fest zusammen kneifen! Ein/e Mitarbeiter/in nimmt eine entzündete Kerze (am besten eine Honigkerze, die auch gut duftet) und verdeckt mit der hohlen Hand die Flamme. Dann geht er/sie langsam von Kind zu Kind und hält zunächst die verdeckte Kerze jedem dicht vor das Gesicht, nimmt anschließend die Hand vor der Flamme weg (Hand langsam nach oben führen). Das Gesicht wird erhellt. Die Kinder spüren die Helligkeit und Wärme, riechen den schönen Duft. Die Gesichter entspannen sich, sie öffnen die Augen und meistens lächeln sie. Sie freuen sich an dem Licht. Ihr Warten wurde erfüllt.

Lichtertanz

Es kann sich »Mache dich auf und werde Licht!« als Lichtertanz anschließen.

Tanzschritte:

Mache dich auf und werde Licht,	*Mit vier Schritten sich um die rechte Schulter nach außen drehen, dabei die abdeckende Hand unter die Kerze nehmen.*
mache dich auf und werde Licht,	*Mit vier kleinen Schritten nach außen gehen, Kerze in Augenhöhe halten.*
mache dich auf und werde Licht,	*Mit vier Schritten sich um die rechte Schulter zur Mitte drehen, Kerze in die Höhe halten.*
denn dein Licht kommt.	*Mit vier kleinen Schritten in die Mitte gehen, am Ende die Kerze wieder senken und mit der Hand wieder verdecken.*

So oft wiederholen, wie die Kinder singen und tanzen mögen. Am Ende aber dann die Kerze nicht senken, sondern weiterhin hochhalten. Der Tanz kann auch als Kanon-Tanz getanzt werden.

Epiphanias

Fragen über Fragen

Maria und Josef finden Jesus im Tempel sitzen, mitten unter den Lehrern, wie er ihnen zuhörte und sie fragte (Lk 2,46). Diese Szene zeigt, wie wichtig das Fragen für das Leben des Menschen ist.

Vielleicht können wir das zum Anlass nehmen, ein kurzes (Frage-)Spiel zu machen. Nach dem Motto: »Was ich immer schon fragen wollte!« Es gibt ganz verschiedene Fragen, aber man kann sie in Gruppen einteilen. Die Kinder stellen Fragen, die ihnen in den Kopf kommen und schreiben sie auf Karten in der Farbe der passenden Fragegruppe auf. Nun wird gewürfelt und entsprechend der Tabelle eine Fragekarte gezogen.

Fragegruppe	Kartenfarbe	Würfelzahl
Kennenlernfragen	blau	1
Glaubensfragen	rot	2
Lebensfragen	grün	3
Wissensfragen	gelb	4
Fragepause		5
freie Fragen-Wahl		6

Das Spiel soll Spaß machen und jeder antwortet so gut er kann und will!
Wie wäre es mit kleinen »Belohnungen« in Form von Gummibären o. Ä. für *jede* Antwort!?

Epiphanis/1. Sonntag nach Epiphanias

Kerzen gestalten

In beiden Geschichten geht Erwachsenen ein Licht auf. Das kann zum Anlass genommen werden, eine Kerze zu gestalten. Vielleicht wird sie unsere neue Jesus-Kerze oder die Taufkerze für eine bevorstehende Taufe im Kindergottesdienst. *(Material im Internet, siehe Vorwort)*

Stichworte:
Kindheit Jesu, Hanna und Simeon, 12-jähriger Jesus, Begegnung mit Gott, Licht, Kinderfragen

Uwe Huchthausen

Musik bewegt Geist und Seele

19.01.2014
(2. Sonntag nach Epiphanias)
Mirjam singt, tanzt und trommelt
(2 Mose 15,20–21)

26.01.2014
(3. Sonntag nach Epiphanias)
David spielt Leier
(1 Samuel 16,14–23)

Kinder werden mit einem Schlaflied beruhigt, Patienten mit Musik therapiert, Hits und Schlager lösen starke Gefühle aus, weil wir Erlebtes mit der Musik verbinden. Musik kann – ähnlich wie ein Duft – Gefühlsexplosionen auslösen. Die Einheit erzählt zwei biblische Geschichten, in denen Musik und starke Emotionen erlebt werden. Mirjam kann nicht anders als singen und tanzen aus Erleichterung und Freude. Das ganze Volk wird vom Gotteslob angesteckt. David holt König Saul aus seiner Depression. Die Wirkung von Musik und ihre Möglichkeiten, Emotionen auszudrücken, sollen die Kinder erfahren. Das Halleluja-Lied von Leonhard Cohen aus dem Film »Shrek« wird dazu eine Brücke sein. Es bewegt nicht nur die Mitarbeitenden, sondern bietet auch den Kindern eine Ausdrucksmöglichkeit für ihre Gedanken und Gefühle. Die Melodie ist bekannt und gut nachzusingen. Im Internet ist sie auf zahlreichen Seiten zu finden. Hier wird die Melodie mit neuem Text unterlegt. Sie setzt in Bewegung und lädt zu instrumentaler Begleitung ein. Der Aufruf zum Gotteslob »Halleluja« durchzieht die Liturgie und die Geschichten.
Beim Lob über die Rettung aus dem Schilfmeer bleibt die ethische Auseinandersetzung mit dem Untergang der Feinde. Vielleicht hilft dabei der Hinweis, wie die jüdische Tradition selbst mit dieser Frage umgegangen ist. Es gibt eine rabbinische Tradition, die erzählt, dass die Engel in den Jubel des Volkes einstimmen wollten, aber nicht durften. Gott trauerte um seine untergegangenen Geschöpfe (M. J. Bin Gorion, Die Sagen der Juden (1913), Frankfurt 1980, 222). Sogar in der jüdischen Pessach-Liturgie ist dieser Respekt zu erkennen, wenn nur der halbe Lobpsalm gesungen wird. Die Geretteten dürfen über ihre Befreiung jubeln, aber Schadenfreude ist nicht angebracht.

Liturgische Gestaltung

Zusammenkommen – sich Gott zuwenden

Votum

Im Votum soll das Halleluja-Lob schon anklingen, das diese Gottesdienste »einfärbt«.

1. Sprecher/in	*2. Sprecher/in*
Wir feiern Gottesdienst im Namen Gottes,	*Halleluja, lasst uns loben!*
der alles geschaffen hat,	*Halleluja! Gott hat es gut gemacht!*
der Jesus zu uns schickte,	*Halleluja! Jesus hat uns gerettet!*
der uns seine Gotteskraft schenkt.	*Halleluja! Die Gotteskraft lässt uns leben und feiern. Amen.*

Psalmgebet nach Psalm 33

Der Refrain »Halleluja, lasst uns loben!« kann auch zur Melodie des Halleluja-Liedes von Leonhard Cohen angestimmt werden.

Alle: **Halleluja, lasst uns loben!**
Eine/r: Jubelt laut zu unserem Gott!
Dankt Gott mit eurer Musik!
Spielt für ihn mit Trommel und Harfe!
Singt ihm ein neues Lied!
Spielt und singt, so schön ihr könnt!
Alle: **Halleluja, lasst uns loben!**
Eine/r: Wir können nur bestaunen,
wie Gott alles geschaffen hat.
Unendlich wölbt sich das Sternenzelt.
Großartig ist alles von Gott gemacht!
Alle: **Halleluja, lasst uns loben!**
Eine/r: Gottes Plan ist wohl groß und ewig.
Gottes Entscheidungen verstehen wir manchmal nicht.
Aber Gott will unser Heil.
Gott rettet.
Alle: **Halleluja, lasst uns loben!**
Eine/r: Wir, die wir uns auf Gott verlassen,
wir vertrauen auf seine Hilfe.
Gott sei Dank!
Alle: **Halleluja, lasst uns loben!**

Hören – Antworten

Kinderbibel

Empfehlenswert ist die Bibel (nicht nur für Kinder) von Nico ter Linden »Höre, was erzählt wird. König auf einem Esel. Geschichten aus dem alten und neuen Testament für die ganze Familie« (Hannover 2011). Hier sind beide Geschichten anschaulich und verständlich in ihrem jeweiligen Rahmen erzählt.
Die Mirjamgeschichte erzählt »Onkel Ben« Kindern in der babylonischen Gefangenschaft. Reizvoll an dieser Erzählung ist der Schluss, der die ethische Auseinandersetzung mit dem Untergang der Feinde widerspiegelt.
Die Davidsgeschichte wird von einem Gespräch zwischen Amos, Judith und Tobias eingerahmt. Nach der Salbung beginnt die Erzählung von Sauls Depressionen. Auch diesen Text kann man mit kurz zusammengefasster Vorgeschichte lesen.

Die Kinder werden nach der ersten Begegnung mit der biblischen Erzählung zu einem »Rollenspiel« eingeladen.

- Vielleicht sind wir Israeliten, die – gerade gerettet – vor sich die Freiheit und hinter sich das zurückfließende Wasser sehen. Wie fühlst Du dich, Rahel? Was denkst du, Jonas? Was willst du jetzt tun, Ruben? ...
- Vielleicht sind wir Bedienstete am Königshof und haben die Veränderung bei unserem König beobachtet. Wie fühlst Du dich, Sarah? Was denkst du, Amos? Was glaubst du, wird nun werden, Tobias? ...

Nun wird das Halleluja-Lied eingeführt. Die Melodie des Refrains wird zur Stabspielbegleitung gesungen. Dazu kann sich die Gruppe bewegen. Dann können Instrumente gebastelt und bespielt werden. Wichtig ist, dass die Kinder nach ihren Vorlieben wählen können, wie sie ihren Emotionen Ausdruck geben wollen. Erst wenn das »Halleluja« richtig Spaß macht, wird die jeweils passende Strophe eingeführt.

Feiern – Teilen

Die sinnlichen Eindrücke können vervollständigt werden, wenn zur »Feier des Tages« Befreiungssymbole kulinarisch angeboten werden.

- Wir feiern die endgültige Befreiung von Menschen aus unmenschlicher Sklaverei mit dem »Auf-Lösen« eines Hefeknotens.
- Wir feiern die Befreiung eines umnebelten Geistes mit dem »Auf-Lösen« eines Hefezopfes.

Am einfachsten ist es, wenn eine Hefebrot-Backmischung verarbeitet und zum Knoten oder zum Zopf geformt wird. Wer sich besondere Mühe machen will, findet passende Rezepte im Internet unter www.frag-mutti.de oder www.chefkoch.de.

Sendung – Segen

Es empfiehlt sich ein musikalischer Segen mit einem Segenslied, das mit Gesten begleitet wird (z. B. der Refrain von EG 610 Herr, wir bitten, komm und segne uns).

Kurzgeschichte

Die Geschichte kann als Einstimmung auf das Thema im Einleitungsteil des ersten Gottesdienstes dienen.

Das Telefon klingelt. Sie geht gleich dran. »Wohlmann.« »Ich bin's.« Martha erkennt Christines Stimme sofort. »Sag, Martha, kannst du jetzt gleich vorbeikommen und bei den Kindern bleiben? Mir geht es nicht gut. Mein Blutdruck ist wieder mal viel zu hoch, ich muss ins Krankenhaus.« Martha wirft einen Blick auf die Uhr. Sie hat gerade Feierabend gemacht. »In zwanzig Minuten bin ich bei dir, Christine. Ich pack mir das Nötigste ein und fahre direkt los.« Das war doch klar. Erstens ist Christine ihre beste Freundin und zweitens werden sich Marthas Patenkind Mira und deren Bruder Konstantin total über ihren Überraschungsbesuch mitten unter der Woche freuen. Martha ist sehr gerne bei den beiden.

»Hey! Ich mach die Tür auf!« Mira reißt die Tür auf, kaum dass Martha geklingelt hat. »Tante Martha! Juhu!!« »Hallo, alle miteinander! Wie schön, euch zu sehen!« Martha wird schon an der Hand ins Wohnzimmer gezogen. »Martin, fahr gleich mit Christine los und wenn es was Neues gibt, meldet euch. Ich bin da und bringe die Kinder später ins Bett.«

Von wegen »ins Bett gehen«. Daran ist erst mal nicht zu denken. Ein paar Runden Versteckspielen. Ein paar Runden Kartenspielen. Zwischendurch Abendbrot essen. Noch eine Runde mit den Puppen spielen. Aber dann wird es doch Zeit. In den letzten Jahren hat Martha das schon häufig gemacht. Auf der Couch liest sie beiden noch etwas vor. Als die Kinder im Bett liegen, beten alle drei miteinander, so wie es die Kinder sonst jeden Abend auch tun. Meistens singen sie auch miteinander. Das wird den beiden sicher auch heute guttun. Es ist es ja doch beunruhigend, wenn die Mama im Krankenhaus ist.

Nachdem Martha bei Konstantin war, setzt sie sich zu Mira ans Bett. Mira setzt sich wieder auf. »Darf ich dir vorsingen, Tante Martha? Ich habe nämlich ein neues Lied gelernt!« Man hört, wie stolz sie ist. »Sehr gerne, Mira.« Miras Stimme erklingt leise: »Von guten Mächten wunderbar geborgen, erwarten wir getrost, was kommen mag. Gott ist mit uns am Abend und am Morgen, und ganz gewiss an jedem neuen Tag.« Es ist ganz still im Zimmer. War das schön! Martha merkt, dass ihre Augen ganz feucht geworden sind. Miras Stimme berührt sie tief im Innern. »Schön, Mira, vielen Dank. Es

klingt wunderbar, wenn du singst.« Martha schaut Mira liebevoll an. »Mir ist ganz warm ums Herz geworden.« Mira strahlt sie aus dem Kopfkissen und den Puppen heraus an. »Ich singe auch gerne, Tante Martha. Wenn ich singe, geht's mir gut.« »Das ist bei mir auch oft so, Mira. Mir wird dann ganz leicht ums Herz.«
»Und wie geht das, Tante Martha?« Tja, es ist ein Geheimnis, wie die Musik das schafft. Wenn wir Musik hören, dann spüren wir auch das Frohe und das Traurige.« »Und die Mama sagt immer, dass Musik ein Geschenk Gottes ist.« »Ja, da hat sie wohl recht, deine Mama.« Martha gibt ihr einen Gute-Nacht-Kuss und deckt sie zu, »Schlaf gut, Mira.«
Auf dem Gang hält Martha einen Moment inne. »Es braucht nicht immer ein großes Orchester, damit Musik einen bewegt.«

Jutta Schitter

Eine Kurzgeschichte zur Einstimmung für Erwachsene oder das Team findet sich als Material im Internet, siehe Vorwort.

Kreative Ideen

Das Halleluja
Voraussetzung ist, dass die Melodie gut »im Kopf« ist. Für Gottesdienste, die nicht von einem Tasteninstrument begleitet werden, empfiehlt sich eine Stabspielbegleitung (Xylophon, Metallophon, Glockenspiel) zumindest für den Refrain. Die Töne der Begleitung werden nicht zu schnell gespielt. Das unterstützt den wiegenden Rhythmus. Die Buchstaben können auch als Gitarrenakkorde verwendet werden.

Anfangston Gesang: h

Zählzeiten im 12/8 Takt:

	1 2 3 4	1 2 3 4	1 2 3 4	1 2 3 4	1
	C C	e e	C C	G D	G
Halle-	lu - ja Halle	lu - ja Halle-	lu - ja Halle-	lu - u-u-u	ja

Strophen zum Halleluja-Lied mit Stabspiel- oder Gitarrenbegleitung

```
             G              em
1. ) Die Freude ist unendlich groß

        G                   em
will singen und will tanzen bloß,

     C          D              G        D
vorbei ist alle Angst und alle Not.

        G                   C       D
Gott führte uns durchs tiefe Meer

       em           C
und rettete vor Feindes Heer.

            D                  hm             em
Kommt Leute, lasst uns loben unsern Gott!
```

```
                        C       em       C            G       D  G   (D)
Refrain:     Halleluja, Halleluja, Halleluja, Hallelu-u-u-u- ja.
```

```
            G                em
2.) Das Dunkle schien unendlich groß.

        G              em
Der König wollte weinen bloß.

          C              D           G      D
Doch Davids Harfe wendete die Not.

        G                   C       D
Sein Lied berührt des Königs Herz

        em                C
und lindert ihm den tiefen Schmerz.

            D                  hm             em
Kommt Leute, lasst uns loben unsern Gott!
```

```
                        C       em       C            G       D  G
Refrain:     Halleluja, Halleluja, Halleluja, Hallelu-u-u-u- ja.
```

Instrumente basteln

2. Sonntag nach Trinitatis

Für die Freude über die Befreiung und Errettung können passend zu Mirjams Tamburin Rhythmusinstrumente hergestellt werden. Manche Kinder mögen die robusteren Ast-gabel-Rasseln, manche basteln lieber Kastagnetten aus Walnusshälften. Beide Bastelanleitungen findet man im Internet unter http://www.eb-mainz.de/eb_mainz/aktions-angebote/images_pdf/Musikinstrumente-aus-Abfall.pdf.

Astgabel-Rassel: In eine Astgabel werden vier Löcher gebohrt. In Kronenkorken wird jeweils ein Loch in die Mitte gebohrt. Die Klangscheiben werden auf Draht gefädelt und in der Astgabel befestigt.

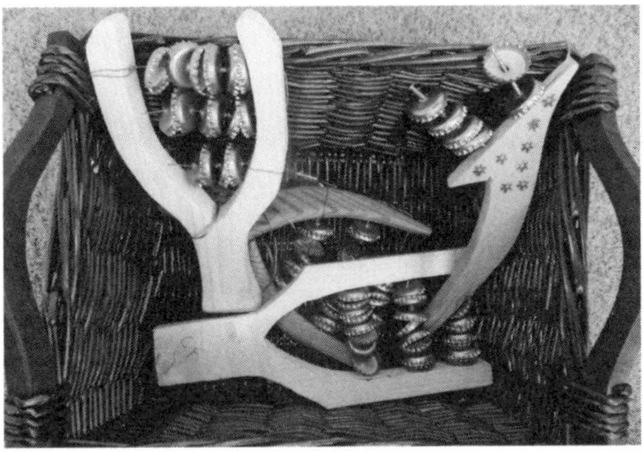

Foto: Urd Rust

Kastagnetten: Einen Streifen Pappe in der Mitte falten und auf jedes Ende eine Walnusshälfte aufkleben.

Foto: Urd Rust

3. Sonntag nach Trinitatis

Für das geistbefreiende Harfenspiel können »Saiteninstrumente« gebaut werden. Am einfachsten sind Gummi-Zithern oder eine Karton-Gitarre.

Gummi-Zither: Um eine Schachtel Gummibänder verschiedener Länge und Dicke spannen und daran zupfen. Oder in eine größere Holzkiste an zwei Seiten gegenüber Nägel schlagen und Gummis darum spannen.

Gitarre: In eine Holzlatte oben und unten Kerben sägen und einen Nylonfaden spannen. Als Resonanzkörper klemmt zwischen der Holzlatte und dem Nylonfaden ein Karton. Wenn man die Saite mit den Fingern auf die Latte drückt, wird der Ton höher. Mehrere Saiten zu spannen gibt mehr Musik!

Stichworte:

Musik, Emotionen, Halleluja, Gotteslob

Urd Rust/Jutta Schitter

Suchet Gott, so werdet ihr leben!
Die Botschaft des Propheten Amos

02.02.2014
(4. Sonntag nach Epiphanias)
Das hat er gesehen – Amos' ungeliebter Auftrag
(Amos 1,1.2; 3,7.8; 7,[10–13]14.15)

09.02.2014
(Letzter Sonntag nach Epiphanias)
Suchet Gott! – Amos tritt für Gerechtigkeit ein
(Amos 2,4–12; 5,4–7.14.15,21–24)

16.02.2014
(Septuagesimä)
Die Vision vom Bleilot –
Gegen eine korrupte Gesellschaft
(Amos 3,3–8;7,7–13;8,4–8.11.12)

23.02.2014
(Sexagesimä)
Die Hütte Davids – Gottes reiche Verheißung
(Amos 5,4–6; 9,11–15)

Der Prophet Amos war der älteste der Propheten, deren Worte und deren Auftreten in einem eigenen biblischen Buch gesammelt wurden. Amos war Maulbeerfeigen- und Viehzüchter aus Tekoa; vor allem war er ein mutiger Mensch. Amos trat in einer besonderen politischen Situation auf. Nach der Herrschaft Salomos war das Königreich in ein Nordreich (Israel) und ein Südreich (Juda) geteilt. Amos wirkte in Israel. Unter dessen König Jerobeam II. war das Land aufgeblüht. Es gab einen wirtschaftlichen Aufschwung und einen stetig wachsenden Wohlstand. In dieser für das Land positiven Lage begann Amos zu predigen. Denn der Wohlstand kam fast nur der Oberschicht zugute. Soziale Gegensätze zwischen Sklaven und Herren, Reich und Arm oder zwischen Tagelöhnern und Landbesitzern prägten das alltägliche Leben im Land. Amos predigte gegen den König und die Priester. Er zeigte die soziale Ungerechtigkeit auf und wetterte gegen Korruption und Bestechlichkeit. Amos forderte, Israel solle zum alten Gottesrecht zurückfinden.

Korruption, Verantwortung, Gerechtigkeit, Arm und Reich sind auch Themen der Menschen im 21. Jahrhundert. So ist Amos nicht nur ein Prophet Israels vor fast dreitausend Jahren, sondern auch ein Prophet unserer modernen Gesellschaft.

Amos legt mit Leidenschaft die Schwächen bloß und setzt sich genauso leidenschaftlich für Israel ein. Gott hatte ihm die Zukunft seines Volkes klar gemacht. Flehentlich bat Amos um Vergebung und Verschonung. Amos trat leidenschaftlich bei Gott für sein Volk ein und bewies damit seine ganze Hoffnung entgegen der Unheilspredigt, die er auszurichten hatte. Hinter der radikalen Ansage des Gerichts steht der Ruf zur Umkehr und damit auch die Hoffnung auf ein zukünftiges Heil.

Kinder setzen sich schon früh und oft mit großer Leidenschaft und Empathie mit Fragen von Recht und Gerechtigkeit auseinander. In unseren Gottesdiensten begleitet uns der Grundgedanke, dass Gottes Wille das gelingende Zusammenleben aller Menschen zum Ziel hat! Dies gelingt, wenn auch die Armen, die Kleinen und die Schwachen im Leben Gerechtigkeit erfahren.

Zusammenkommen – sich Gott zuwenden

Wir bringen vor Gott, wo oder wann wir Ungerechtigkeiten gesehen oder erfahren haben. Dazu wird jeweils ein Stein auf dem Altar abgelegt.
Als Antwort singen wir den Kanon »Kehret um, kehret um« (EG-RWL 589 oder EG-Baden-Pfalz-Elsass 650).

Feiern – Teilen

Nach einer alten israelischen Melodie wird zu einem Tanz eingeladen. Dieses Lied heißt im Original »Zadik Katamar« und nimmt Psalm 92,13 auf: »Der Gerechte sprosst wie eine Palme, er schießt auf wie eine Zeder auf dem Libanon.«

Melodie aus Israel, Text: Ulrich Walter, © beim Autor

Alle stellen sich im Kreis auf. Der erste Tanzschritt kommt nach dem Auftakt, also bei der zweiten Silbe jeder Zeile. Es wird immer mit rechts begonnen.

Wer Gottes Wort hört	*Wir reichen uns die Hände. Nach dem Auftakt geht es vier Schritte nach rechts*
und lebt danach, wird wachsen wie ein Baum.	*und viermal auf der Stelle einen Wiegeschritt machen, dabei werden die Hände nach oben gestreckt, wie ein Baum.*
Wer Gottes Wort hört und lebt danach, ...	*Wiederholung: vier Schritte und vier Wiegeschritte*
Geborgenheit schenkt sein Blätterdach	*Vier Schritte zur Kreismitte, dabei die Hände nach vorn ausstrecken und das Blätterdach bilden,*
und standhaft trotzt er jedem Sturm,	*vier langsame Schritte auf der Stelle, die Arme werden rechts und links auf den Rücken der anderen gelegt (starker Stamm),*
seine Nahrung er aus tiefen Wurzeln zieht.	*vier Schritte zurück, die Hände werden dabei in einer weit ausholenden, schöpfenden Bewegung von unten nach oben geführt.*
	Zum Abschluss folgen vier Wiegeschritte, dabei werden die Hände nach oben gereckt, wie ein starker Baum, dem kein Sturm etwas anhaben kann.

Wiederholung des zweiten Teils ...

Sendung – Segen

<table>
<tr><td>Gott stärke dich, wenn du in die neue Woche gehst.</td><td>Wir stehen im Kreis und reichen uns die Hände.</td></tr>
<tr><td colspan="2">Gott richte dich auf, wenn dir Unrecht begegnet.
Gott beschütze dich, wenn du neue Wege gehst.
Gott segne dich, bei allem, was du machst, und bei allem, was dir begegnet.</td></tr>
<tr><td>Amen.</td><td>Wir drücken die Hände der anderen.</td></tr>
</table>

Kurzgeschichte

Die Geschichte lädt ein, mit den Augen des Amos unsere Welt zu sehen. So soll Neugierde und Interesse bei den Kindern geweckt werden. Mit den älteren Kindern kann die Bedeutung für unseren Alltag erarbeitet werden. So lässt sich die Themeneinheit einleiten.

In einem fernen Land ...

Lange hatte sich die ganze Familie auf diese Reise vorbereitet: Mama und Papa hatten Reiseführer und Landkarten gekauft. Sogar für Rebecca und David war ein Kinderreiseführer dabei. Dann hatte Mama stundenlang nach dem günstigsten Flug gesucht, denn wie hatte Papa doch immer wieder betont: »So viel Geld haben wir auch nicht.« Dabei waren sie doch von Marias Familie eingeladen worden! Maria war vor zwei Jahren als Au-pair-Mädchen bei den Fischers gewesen. Sie hatte so viel von ihrer Heimat erzählt. Rebecca und Daniel hatten Maria ganz lieb – so wie eine große Schwester. Und nun freuten sie sich, dass sie sie bald wiedersehen würden.

Der Flug war lang und auch langweilig gewesen. Maria lebte wirklich in einem fernen Land! Marias Familie hatte ein kleines Haus am Rand der Hauptstadt. Das Haus war viel kleiner als Fischers Doppelhaus in Hannover. Und nun sollte es ein Festessen zur Begrüßung der Gäste geben. Maria, ihr Vater Pedro und die Fischers fuhren zum Einkaufen in die Stadt.

Es war Markttag. Die Bauern verkauften viele verschiedene Sorten von Obst und Gemüse. Es gab Früchte in ganz merkwürdigen Formen und vielerlei Farben. David staunte: »Maria, das ist ja wie im Schlaraffenland!« Maria lächelte und sagte nachdenklich: »Leider können sich nicht viele Menschen dies alles hier leisten.« Eine junge Frau kaufte sechs Hühner, zwei Schwertfische und ein Ferkel ein. Dazu noch mehrere Körbe mit Obst und Gemüse. Alles wurde auf einen Handwagen geladen, denn sie konnte es unmöglich tragen. Maria sah den erstaunten Blick ihrer Gäste: »Oh, das ist nicht alles für sie. Sie ist eine Angestellte. Ihre Arbeitgeber feiern eine Party. Sie selbst kann sich noch nicht einmal ein Stück Fisch oder Fleisch leisten. Sie lebt in den Siedlungen.« Als der Einkaufskorb, den Pedro trug, mit Obst und Gemüse gefüllt war, kaufte Maria noch einen Fisch. Pedro strahlte. »Mein Vater freut sich so auf dieses Festessen. Denn nicht oft gibt es bei uns so viele verschiedene Speisen.«, erklärte Maria den deutschen Freunden.

Auf dem Rückweg fuhren sie durch einen Stadtteil mit Häusern, die Rebecca an Deutschland erinnerten. Doch die Häuser waren größer und jedes Haus war von einem hohen Zaun oder einer Mauer umgeben. Vor einigen Eingängen standen bewaffnete Wächter. »Sind das Botschaften oder Konsulate?«, wollte Papa wissen. Maria sah ihn verwundert an: »Nein, das sind doch nur die Häuser der Wohlhabenden und Reichen.« »Mit Privatarmee!«, sagte Papa leise zu sich selbst und schüttelte den Kopf. Dann wurde die Straße sehr holperig. Als es immer mehr nach Müll stank, beschwerte sich Rebecca: »Gleich wird mir schlecht! Das ist ja fürchterlich hier. Warum liegt hier so viel Abfall rum?«

Bevor Maria etwas erklären konnte, klopften ein paar Kinder an die Autoscheiben. Das Auto konnte wegen der schlechten Straße nur ganz langsam fahren. Die Kinder hielten Gummibänder oder Zeitungen oder Blumen an die Scheiben. »Sie wollen nur etwas verkaufen, denn die Menschen hier in den Siedlungen sind sehr arm. Viele Eltern haben keine Arbeit. Es gibt kein fließendes Wasser, keine Stromleitungen und auch keine Müllabfuhr.«
Im Auto war es ganz ruhig. Niemand sagte etwas dazu. Als sie zurück bei Marias Haus angekommen waren, war Mama die erste, die etwas sagte: »Komisch, ich musste die ganze Zeit an den Propheten Amos denken. Über Amos habe ich doch in den vergangenen Wochen im Reli-Unterricht mit meinen Schülerinnen und Schülern gesprochen.«

Doris Dirwald

Kreative Ideen

*Das **Lied »Amos aus Tekoa«** begleitet durch die ganze Reihe.*

Text: Ulrich Walter, © beim Autor, Melodie: Christof Falkenroth, © beim Komponist

1. Amos aus Tekoa hütete die Schafe,
da erscheint ihm Gott und spricht: Geh' zu meinem Volk!

2. Amos hört die Stimme, zieht hinauf nach Bethel,
dort tritt er vors Volk und spricht: Gebt den Armen Recht!

3. Keiner will ihn hören, Amos muss sie stören,
Unrecht sieht er überall. Nein, so geht das nicht!

4. Und er hält ein Bleilot an die alte Mauer.
Seht, so geht es eurer Macht, bald schon stürzt sie ein.

5. Hört, den Willen Gottes, suchet nach dem Guten.
Sehet, bald bricht an sein Reich der Gerechtigkeit!

6. Menschen wie der Amos rufen uns auch heute:
Kehret um zu Gottes Recht, dann wird Friede sein!

Kehrvers: Suchet Gott, suchet Gott,
er schenkt euch das Leben.

4. Sonntag nach Epiphanias

Amos-Stabpuppe

Wir lernen Amos kennen, indem er sich selbst vorstellt:
»Mein Name ist Amos. Ich komme aus Tekoa. Das ist am Rand der Wüste Juda. Ich wollte nie Prophet werden. Das dürft ihr mir glauben. Eigentlich haben mich früher nur meine Maulbeerfeigen und meine Tiere interessiert. Doch dann kam es ganz anders ...«

Wir basteln eine Stabpuppe »Amos«.

Material:
Holzkreuz, Styroporkugel, Stoffreste, Wolle, Wasserfarbe, Zauberwatte.

Anleitung: Auf das Holzkreuz steckt man den Styroporkopf, der vorher bemalt und mit Wollhaaren beklebt wurde. Kleider werden einfach zugeschnitten und grob genäht oder getackert. Ein »Halstuch« bedeckt das Stück Holzstab unter der Kugel und die Zauberwatte polstert Schultern und Bauch.

Foto: Karl-Heinz Dirwald

Letzter Sonntag nach Epiphanias und Septuagesimä

Propheten-Demonstranten-Poster
Der Prophet Amos – gestern und heute: Auf einer großen Papierbahn (Restrolle aus einer Druckerei oder Papiertischdecke) wird Amos zweifach als »Demonstrant« gezeichnet. Auf der einen Seite werden auf die Tafeln die Anklagen von Amos geschrieben. Auf die Tafeln des »heutigen Amos« schreiben wir Probleme und Ungerechtigkeiten, die wir anprangern möchten.

Kopiervorlage im Internet, siehe Vorwort.

Zeichnung: Karl-Heinz Dirwald

Sexagesimä

Die Hütte Davids und eine gute Zukunft – Aktion
Es wurde angekündigt, dass im Kindergottesdienst an diesem Sonntag miteinander gefrühstückt werden soll. Im Gottesdienstraum steht vor einer Pappkartonwand (große Kartons aus dem Supermarkt oder Kirchentagshocker oder Umzugskartons) ein Tisch. Dieser ist für das Frühstück mit Tellern, Trinkbechern, Servietten und Besteck gedeckt. Nur ein Brot und ein Krug mit Wasser befinden sich auf dem Tisch. Hinter der Wand steht – für die Gemeinde nicht sichtbar – ein festlich gedeckter Tisch, der mit üppigen Obsttellern, Saft- und Kakao-Krügen, Brot und Kuchen ... gedeckt ist.
Wir überlegen, wie wir Ungerechtigkeiten bei uns abbauen können. Dies wird auf die Kartons geschrieben oder gemalt. Wenn ein Karton beschriftet worden ist, wird er von der Mauer genommen und daneben zu einem Haus zusammengesetzt. Langsam wird der reich gedeckte Tisch sichtbar. Wenn die Mauer ganz verschwunden ist, können die Tische zusammengeschoben werden und das Frühstück kann beginnen.

Stichworte:
Amos, Gerechtigkeit, Ungerechtigkeit, Hoffnung, Gemeinschaft

Karl-Heinz Dirwald

Sollte das von Jesus sein?
Jesusgeschichten, die aus dem Rahmen fallen

02.03.2014
(Estomihi)
Na bitte! – Der bittende Freund
(Lukas 11,5–10)

09.03.2014
(Invokavit)
Der gerissene Betrüger – Klug wie die Schlange, aber falsch wie die Taube?
(Lukas 16,1–9)

16.03.2014
(Reminiscere)
Eine Frau hat Recht – Der Erfolg ist mit den Hartnäckigen
(Lukas 18,1–8)

23.03.2014
(Okuli)
Jesus räumt auf – Die Tempelreinigung
(Lukas 19,45–48)

Drei Gleichnisse Jesu sind zu erzählen, die Anstoß geben. Und in dem kleinen Text von der Tempelreinigung ist es Jesu Handlung, die Anstoß erregt. Zielgedanken zu jedem Sonntag sollen helfen, die wesentlichen Punkte des Anstoßes zu treffen:

Estomihi: Das Gleichnis vom bittenden Freund ist an die Jünger gerichtet: Ein Mann ist nachlässig, denn er hat keinen Notvorrat. Dann ist er rücksichtslos, weil er eine ganze Familie aufweckt. Der Familienvater will seine Familie schützen, darum gibt er nach und teilt seinen Vorrat. Weder Nachlässigkeit noch Rücksichtslosigkeit sollen hier gepriesen werden. Der Moment, an dem wir uns ein Beispiel nehmen sollten, ist: Der Familienvater öffnet, das ist sicher. Gott ist ein verborgener, verschlossener Gott. Aber er will sich finden lassen, und er wird die Tür öffnen. Darum: Suchet, so werdet ihr finden, klopfet an, so wird euch aufgetan.

Invokavit: Das Gleichnis vom gerissenen Betrüger wendet sich exklusiv an die Jünger: Der Mann ist des Betruges verdächtig, er ist (fast) am Ende. Da benutzt er seine letzten Zugriffe auf das Eigentum seines Chefs, um für sich selbst ein Netzwerk von offenen Häusern einzurichten. Schließlich will er ja weiterleben. Weder der erste Betrug noch die letzten gerissenen Pläne sind zu rechtfertigen. Der Moment, den Jesus »vergleicht«, ist: Ihr wollt weiterleben (Ewiges Leben). Also setzt alles dafür ein. Hängt euer Herz an nichts anderes. Die Grundorientierung dafür habt ihr, denn ihr seid Kinder des Lichtes.

Reminiscere: Das Gleichnis von der bittenden Witwe ergänzt in gewisser Weise den bittenden Freund. Die Frau hat Recht. Und sie hört nicht auf, es einzufordern. Die Gleichgültigkeit und der Unwille des ungerecht handelnden Richters können sie nicht kleinkriegen. Gott ist nicht wie dieser Richter in der Geschichte, denn Gott steht an der Seite derer, die klein und schwach sind. Aber sind wir wie die Witwe? Treten wir so fest und sicher und ausdauernd für Gerechtigkeit ein?

Okuli: Das, wozu der Tempel auf dem Berg erbaut ist, ist in den Hintergrund getreten. Dagegen greift Jesus ein. Das »Bethaus« muss freigelegt werden. Denn allein darin hat der Ort seine Bestimmung: Die Beziehung zwischen Gott und den Menschen soll erfahren werden können. Sie soll hier geschützt sein und Raum haben. Dass Jesus dann täglich im Tempel lehrt, erfüllt diesen Raum seiner Bestimmung entsprechend. Wir werden gefragt: Wo ist dein/euer geschützter Raum, in dem die Beziehung zu Gott Raum und Zeit hat? Was verschüttet solchen Raum? Was müssen wir frei-räumen – um uns her, und in uns drinnen?

Liturgische Gestaltung

Zusammenkommen – sich Gott zuwenden

Estomihi

Eingangsgebet zu Lukas 11,5–10
Gott, das Reden mit Dir finde ich manchmal ganz schön schwierig.
Ich denke: Du bist so groß und ich bin so klein.
Kümmert Dich überhaupt das, was ich Dir sage?
Ich denke: Du bist der Schöpfer von allem, was lebt, und ich bin nur ein Kind. Zählt mein Gebet überhaupt?
Ich denke: Meine Worte sind einfach. Ich kann keine schönen Sätze bilden. Magst Du mein Stottern und Stammeln überhaupt hören?
Gott, ich suche Dich dennoch. Ich verlass mich auf Dich. Denn das haben Menschen immer wieder getan. Ich vertraue auf Dich, trotz meiner Unsicherheit. Hilf mir, Gott. Amen.

Okuli

Eingangsgebet zu Lukas 19,45–48
Gott, manche sagen: Zur Kirche gehen doch nur Schwächlinge. Oder: Glauben ist bloß was für Dumme. Aber so ist es ja gar nicht. Du willst, dass wir nachdenken, was gut und richtig, wichtig und kostbar ist. Du hilfst uns zu unterscheiden, was wir tun oder was wir lassen sollen. Du willst, dass wir die Stärke, die Du uns gibst, auch gut einsetzen. Gott, heute soll Zeit sein, über das nachzudenken, was Du von uns erwartest und für uns erhoffst. Amen.

Sendung – Segen

Reminiscere

Fürbittengebet zu Lukas 18,1–8

Gott, wir erleben immer wieder, dass Mitschüler unfair behandelt werden; sie werden gehänselt oder ausgeschlossen, manchmal sogar gemein bedroht. Das ist unrecht! So darf es nicht weitergehen! Schenk uns Mut, das nicht nur zu denken, sondern laut zu rufen:

> »Mein Gott, das muss anders werden, das gefällt uns nicht. Hilf uns, das besser machen. Mein Gott erbarme dich.«
>
> Liedvers aus: Das Liederheft Kirche mit Kindern 2, Michaeliskloster Hildesheim 2012.

Gott, wir hören, dass in der Nachbarschaft Streit ist. Wir erleben, dass Nachbarn nicht mehr miteinander reden oder nur noch Gemeinheiten übereinander sagen. Das ist unrecht! So darf es nicht weitergehen! Gib uns Ausdauer, Mut und Fantasie, damit sich etwas ändern kann. Gott, wir rufen laut:

> »Mein Gott, das muss anders werden, das gefällt uns nicht. Hilf uns, das besser machen. Mein Gott erbarme dich.«

Kurzgeschichte

Die Kurzgeschichte zum Sonntag Estomihi (Lukas 11,5–10) kann als Einführung dienen. Die alte Geschichte ergänzt den Gedanken: Der verborgene, verschlossene Gott will sich finden lassen. Unsere Aufgabe: Anklopfen, Suchen.

Zwei Kinder spielen Verstecken. Nach einigen vergeblichen Blicken in die üblichen Verstecke gibt der Sucher auf und geht einfach nach Hause. Das versteckte Kind hockt noch lange in seinem Versteck und horcht angespannt und erwartungsvoll auf sich nahende Schritte. Doch nichts geschieht. Da ahnt es, dass es gar nicht mehr gesucht wird. Es beginnt bitterlich zu weinen und krabbelt enttäuscht aus seinem Versteck. Ein Rabbiner kommt über den Weg und sieht das bitter weinende Kind. »Was ist geschehen?«, fragt er. Schluchzend antwortet das Kind: »Ich hab mich so schön versteckt und mein Freund hat mich gar nicht gesucht!« Da treten auch dem Rabbiner Tränen in die Augen. Erstaunt fragt das Kind: »Warum weinst du denn jetzt?« »Weil es Gott genauso wie dir geht: Er hält sich verborgen, aber die Menschen geben die Suche auf.« (mündliche Überlieferung)

Kreative Ideen

Estomihi

Spiel

Das Spiel »Verstecken anders« kann vertiefende Ergänzung zu Lukas 11,5–10 sein und passt zur Kurzgeschichte. – Zielgedanke: Gib nicht auf!

Ein Kind versteckt sich, alle anderen suchen. Wer das Kind gefunden hat, kriecht mit in das Versteck, bis alle dort zusammen sind. Das letzte Kind darf sich dann verstecken.

Invokavit

Kärtchen sortieren

Als Vertiefung zu Lukas 16,1–9 können die Karten »Kinder der Welt – Kinder des Lichts« sortiert werden. Dabei wird zur Einleitung möglichst frei erzählt. So wird nachvollziehbar, dass Jesus Geschichten aus dem Alltag erzählt. Das entscheidende Ziel ist: Leben, ewiges Leben ist Leben mit Gott.

Einleitung: Jesus erzählt den Jüngern eine Geschichte aus dem Alltag der Welt. So geht es oft zu. Ein Kassenführer hat betrogen. Sein Rauswurf droht. Ehe das zustande kommt, versucht er das Beste für sich noch zu schaffen: Er sorgt dafür, dass er Freunde kriegt, die ihn nach dem Rauswurf noch zu schätzen wissen und ihm helfen werden. Die Zukunft seines Chefs ist ihm egal. Wichtig ist ihm: Nach dem Rauswurf noch gutgesinnte Leute zu haben. Jesus sagt: Ihr seid Kinder des Lichts, Kinder von Gott, meine Freunde. Jetzt denkt ihr, ihr hättet ja mit so einem, der so ist wie der in der Geschichte, nichts zu tun. Denn so seid ihr nicht. Das ist auch gut so! Und dennoch: Ihr könnt von dieser Geschichte etwas für euch lernen. Kommt, wir schauen mal genau hin. Wie ist dieser Kassenführer in der Geschichte, warum handelt er so, wie ich es erzählt habe.

Kärtchen mit Sätzen zu dem Kassenführer beschriften (eventuell sind einige schon vorbereitet):

Er betrügt seinen Chef.	Er weiß, dass er für sein Handeln gestraft wird.
Er sorgt sich darum, einsam zu sein.	Die Leute sollen nett zu ihm sein, auch wenn er nichts mehr besitzt.
Er nutzt seine Chancen.	Er setzt alles, worüber er noch verfügen kann, ein.
Er will eine Zukunft haben.	Er will aufgenommen werden in die Wohnhäuser.

Kärtchen als Kopiervorlage *(Material im Internet, siehe Vorwort)*

Und nun schauen wir mal, in welchen Sätzen etwas auch für uns Wichtiges steckt. *Die Kinder suchen aus:* Welche Kärtchen können zu den »Kindern des Lichtes«, zu Gottes Kindern, zu den Freunden von Jesus auch passen? *Zu diesen Kärtchen stellen sie eine angezündete Kerze. Die Auswahl wird begründet, diskutiert, vielleicht noch verändert.*

Reminiscere

Rollenspiel

Als Vertiefung zu Lukas 18,1–8 dient ein Rollenspiel. Zielgedanke: Was gibt uns Stärke, wie »Frau« sie in der Rolle bekommt? Was bestärkt uns darin, nicht aufzugeben?
Der Klügere gibt nach! So gesehen, ist diese Frau nicht klug. Sie beharrt auf ihrer Aussage: »Ich habe aber Recht!« Skandalös ist der Richter. Lustlos, nicht an Gerechtigkeit interessiert, voller Verachtung für die Geringsten. Der Streitwert (vielleicht ein Kopf Salat?) geht gegen Null. Davon hat er nichts. »Ich habe aber Recht!« Ja, die Frau hat Recht. Ein Recht auf Gerechtigkeit, unabhängig von Familienstand, Einkommen oder Streitwert. Und die Frau hat Stärke. Sie beharrt auf dem, was ihr zusteht. Sie nervt den Richter. Sie stört seinen Feierabend, sie vergällt ihm die Suppe – wegen eines »Salatkopfes«. Der Richter spricht den gerechten Spruch, einfach um seine Ruhe zu haben. Gott will nicht seine Ruhe haben. Gott ist Gott der Gerechtigkeit. Gott ist auf der Seite der Armen und Geringsten. – Gott ist anders als dieser Richter. Das weiß doch jedes Kind. Aber sind die Menschen so wie die Witwe? Haben wir so einen unerschütterlichen Glauben, so ein Beharrungsvermögen, wenn es um Gerechtigkeit geht? Oder verstecken wir uns hinter: »Der Klügere gibt nach.« oder »Da kann man halt nix machen.«?
Es bietet sich an, die Geschichte nach dem knappen Erzählen zu spielen:
Alle Kinder, die wollen, sind »Frau«. Alle Kinder, die wollen, sind »Richter«. Alle »Richter« sitzen in einer Reihe am Richtertisch, alle »Frauen« stehen ihnen gegenüber. Wer Beobachter sein will, sitzt seitlich. Spielregel: Alle können sich in ihrer Rolle beteiligen, aber es spricht immer nur jeweils eine/r, nicht alle durcheinander. Verstärkung durch »genau!«, »find ich auch« ist möglich. Wer sich für eine Beobachterrolle entschieden hat, kann sich ggf. später noch zu einer Rolle dazustellen und sie verstärken. Die Beobachter hören zu, beobachten die Körpersprache. Ende ist, wenn der Richter »aufgibt« oder wenn der Spielleiter ein Signal gibt.
Rundgespräch: Was ist den Beobachtern besonders aufgefallen? Wann war »Frau« besonders stark oder schwach. Wann machte der Richter einen besonders starken, beängstigenden Eindruck? Oder wann wurde er schwach, war er es leid? Wie ging es den Kindern in ihrer Rolle?

Gespräch mit Impulsen (Kunst aufräumen)

Als Vertiefung zu Lukas 19,45–48 wird zunächst mit Impulsfragen eingeführt. Als weitere Gesprächsanregung dient ein Bilderbuch vom Aufräumen. Ziel: Aufräumen kann notwendig und wichtig sein. Aber es kann auch alles Leben entfernen, ersticken oder unsichtbar machen. – Jesus räumt notwendig und wichtig auf. Anschließend wird die biblische Geschichte erzählt und mit den Kindern bedacht.

Fragen, die helfen, in den Text hineinzufinden:
Ist denn Handel so schlimm?
Was ist ein »Bethaus«?
Und was geht uns der Tempel an? – Oder gilt das auch für die Kirche?
Ist unsere Kirche eine »Räuberhöhle«?
Gibt es Räume, die Gott gehören?
Was macht einen Raum zu einem Raum mit Gott?

Von Sinn oder Unsinn des Aufräumens handelt ein Bilderbuch. Der Künstler Ursus Wehrli nähert sich dem Aufräumen auf besondere Art. Ein Beispiel: Ein nachtschwarzer sternenübersäter Himmel lädt zum Träumen ein. Romantische, schöne Eindrücke werden hervorgerufen. Daneben: Ein wohlaufgeräumter schwarzer »Himmel«, auf dem alle Sterne nach Größe in ordentlichen Reihen sortiert sind. Da ist alles Leben rausgeräumt.

http://www.kunstaufraeumen.ch/de, Ursus Wehrli, Kunst Aufräumen, Königstein i. Ts., 2004

Oder: Eine Margeritenblüte auf grünem Grund weckt Frühlingserinnerungen. Daneben: Die Blüte ist »aufgeräumt«: die weißen Blütenblätter einzeln nebeneinander in einer Reihe und abseits davon die gelbe Mitte. Schauen Sie sich solche Bilder an, vielleicht experimentieren Sie auch mit den Kindern an einem einfachen Motiv.

Eine kleine Problemgeschichte führt zum Gespräch über das Thema »Platz für das Wichtige schaffen«.
Stell dir vor, der Hausmeister stellt in der Turnhalle deiner Schule sein Winterstreusalz unter, dazu die überzähligen Schultische und Stühle. Ach ja, und den Kaninchenstall, der zurzeit nicht gebraucht wird, packt er auch in die Turnhalle. Außerdem noch zwei Säcke voll mit den Sachen, die im Laufe des Jahres in den Umkleideräumen liegengeblieben sind. »Da können die Kinder sich dann ihre Sachen wieder raussuchen, wenn sie Sport haben.«, denkt er. »Turnen kann man doch dazwischen immer«, sagt der Hausmeister.

- Was sagt ihr, wenn ihr in die Turnhalle kommt? Was ist zu tun?
- Was macht eine Turnhalle zur Turnhalle?
- Und was macht ein Haus zu einem Raum mit Gott?

Anschließend die biblische Geschichte erzählen und mit den Kindern bedenken.

Stichworte:
Beten, Gerechtigkeit, Ausdauer, Kraft, Mut, Gottes Haus

Brigitte Messerschmidt

Mit Jesus an einem Tisch

30.03.2014
(Lätare)
Zachäus
(Lukas 19,1–10)

06.04.2014
(Judika)
Das große Abendmahl
(Lukas 14,15–24)

13.04.2014
(Palmarum)
Das letzte Mahl
(Lukas 22,7–22)

20./21.04.
(Ostern)
Emmaus
(Lukas 24,13–35

27.04.2014
(Quasimodogeniti)
Der korinthische Abendmahlskonflikt
(1 Korinther 11,17–34)

Mit Jesus am Tisch entsteht mitten im Alltag eine neue Gemeinschaft der Nähe Gottes. In dieser Reihe können Menschen an den Rändern der Gesellschaft »ihre« Gottesbegegnung erleben. *Reich Gottes am Tisch!* Das ist Anlass zu Lebensänderung und Freude.
Zachäus, geldorientierter Steuer- und Abgabenpächter, wird durch die unerwartete Mahlgemeinschaft mit Jesus wieder in das Volk Gottes integriert. *Reich Gottes am Tisch!* Vor Freude beginnt er solidarisch zu leben.
Jesus gelingt der Vergleich zwischen einem elitären Gastmahl der Reichen und dem gemeinsamen Fest Gottes mit Armen, Verkrüppelten, Lahmen und Blinden (Lukas 14,12–15) durch seine Erzählung vom großen Gastmahl (Lukas 14,16–24): Der reiche Gastgeber bleibt in seiner wütenden Beleidigung im Alten stecken und lädt sich Ersatzgäste ein, um die Erstgeladenen zu ärgern und öffentlich zu diskriminieren. *So geht es am Tisch im Reich Gottes nicht zu!* (vgl. Lukas 1,53).
Aus Jesu Mahlpraxis wird das Abendmahl. Die gemeinsame Mahlzeit seiner Nachfolgegemeinschaft. *Nähe Gottes in Brot und Kelch!*
Nach Jesu Tod erleben zwei trauernde Jünger die Gegenwart des Auferstandenen beim Abendbrot in Emmaus. *Gottes Reich am Tisch!* Anlass zu österlicher Freude.
In der Gemeinde von Korinth gibt es Ärger beim Abendmahl: Reiche Gemeindeglieder stören durch ihr egoistisches Verhalten die Abendmahlsgemeinschaft. Paulus kritisiert heftig diese unwürdige Form gemeinsamen Essens, das die Armen benachteiligt. Für ihn ist die Gemeinde eine Gemeinschaft, in der ethnische und soziale Rangunterschiede negiert und eine wechselseitige Verantwortlichkeit und Fürsorglichkeit praktiziert werden sollen. Diese zeigt sich in den regelmäßigen Mahlfeiern, die auch der Unterstützung der Armen dienen: *Alle Beteiligten sollen satt werden!* Paulus will das Abendmahl als Ort der Einübung sozialer Gerechtigkeit gestalten: Alle – besonders die Reichen – sollen ihre mitgebrachten Speisen teilen.
In den fünf Gottesdiensten dieser Reihe erleben Kinder und Mitarbeitende die Einladung Jesu in die neue, heilsame Tischgemeinschaft Gottes inmitten ungastlicher Lebenswirklichkeiten.

Liturgische Gestaltung

Zusammenkommen – sich Gott zuwenden

»Tisch-Psalm« (nach Lukas 13,29)

Alle stehen auf. Jede Zeile wird vorgesprochen mit Bewegungen und dann von allen wiederholt:

Und es werden kommen von Osten	*Mit Körper und Gesicht nach Osten (Altar) schauen mit offenen Armen.*
und von Westen,	*Mit Körper und Gesicht nach Westen (Tür) drehen mit offenen Armen.*
von Norden	*Mit Körper und Gesicht nach Norden drehen mit offenen Armen.*
und von Süden,	*Mit Körper und Gesicht nach Süden drehen mit offenen Armen.*
die zu Tisch sitzen werden im Reich Gottes.	*Mit Körper und Gesicht nach Osten (Altar) drehen und wieder hinsetzen.*

Feiern – Teilen

Bevor miteinander gegessen und getrunken wird, singen alle gemeinsam ein Tischlied – vielleicht jeden Sonntag eine Strophe mehr:

Lied: »Miteinander essen, das kann schön sein«

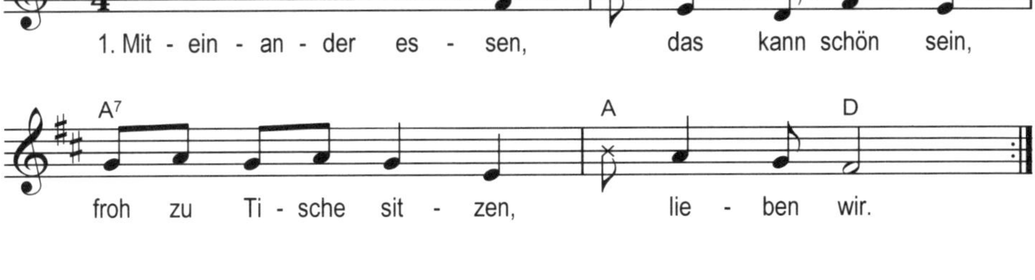

2. ||: Jesus gab ein Beispiel für uns alle, aß mit vielen Menschen brüderlich* :||
Viele sind so einsam, wären gern gemeinsam,
kommt, wir schließen keinen aus, kommt, wir schließen keinen aus.

3. ||: Doch nicht zu vergessen, wenn wir essen, dafür auch zu danken, lehrte ER! :||
Denn die guten Gaben könnten wir nicht haben,
gäbe es nicht Gottes Kraft, gäbe es nicht Gottes Kraft.

4. ||: Da, wo Jesu Freunde heute leben, wolln sie nicht vergessen Christ, den Herrn. :||
Bleibt lebendig immer, man vergisst ihn nimmer,
Tischgemeinschaft hält man gern, Tischgemeinschaft hält man gern.

Hinweis: Strophe 2: alternativ zu »brüderlich«: »geschwisterlich«

Kurzgeschichte

Das muslimische Mädchen Aischa darf bei ihrer christlichen Freundin Lena übernachten. Beim Abholen erzählt Aischa von ihrer erlebten Tischgemeinschaft. Beide Väter sehen zunächst ihre Vorurteile bestätigt. Aber dann löst sich alles in Freude auf.

Lenas Handy klingelte. Sie sprang vom Abendbrottisch auf und lief mit dem Handy hinaus. Ihre Eltern blickten sich genervt an. »Jetzt auch schon beim Essen dieses ständige Telefonieren!«, ärgerte sich die Mutter. »Ja, das stört mich auch«, antwortete der Vater. »Wir finden aber bestimmt gemeinsam eine Lösung.«

Nach gefühlten zwanzig Minuten kam Lena in die Küche gestürmt: »Aischa darf bei mir übernachten. Ihr Vater erlaubt es endlich!« Glücklich ließ sie sich auf ihren Stuhl fallen.
»Warum soll der das denn nicht erlauben?«, fragte die Mutter.
»Aischas Vater kommt mit seiner Familie aus Syrien. Sie sind Muslime. Und wir sind Christen. Da hat der Vater Angst um Aischa.«
Lenas Vater schüttelte verständnislos den Kopf. »Wir werden seine Tochter doch nicht gleich zum Christentum bekehren!«
Lena freute sich auf das Wochenende mit Aischa. Alles lief wunderbar.
Am Sonntagabend stand Aischas Vater wie verabredet zum Abholen vor der Haustür.
Lena und ihr Vater begleiteten Aischa zur Tür:
»Na, Aischa, wie war es bei deiner Freundin?«, fragte ihr Vater.
Aischa sagte nichts. Sie senkte nur ihren Kopf. Dann sagte sie: »Vater, Lenas Eltern haben beim Essen gar nichts an!«
Die Atmosphäre an der Tür gefror. Das Gesicht von Aischas Vater wurde dunkelrot, mit seinen Händen suchte er hektisch in seinen Jackentaschen.
Lenas Vater war kreidebleich. »Gleich wird er ein Messer ziehen. Typisch!« Und Lena? Die wunderte sich über die Worte ihrer Freundin. »Was meinst du?«
Dann endlich sagte Aischa die erlösenden Worte: »Lenas Familie hat beim Essen nichts an: Keinen Fernseher, keine Radio, kein Handy! Das finde ich klasse!« Alle vier prusteten lachend los. Und Aischas Vater ließ sich gerne zum Abendbrot einladen.

Kreative Ideen

Laetare

Einstieg in die Bibelerzählung mit dem Ende

Heute dauerte es besonders lang an der Zollstation. Die Händler mir ihren Eseln in der langen Warteschlange murrten: »Zachäus hat wohl wieder Dienst am Zoll. Dieser kleine Wicht nimmt bestimmt wieder mehr als die anderen. Bekommt seine Taschen nicht voll genug! Dabei hat er doch schon so ein großes Haus ...«
Doch alle, die schließlich an die Reihe kamen, erlebten Erstaunliches:
»Wie viel habe ich dir beim letzten Mal zu viel berechnet? Hier hast du es zurück. Und noch einmal so viel als Entschädigung.« Und Zachäus schaufelte mit seinen Händen viele Geldstücke in die Körbe der Händler.
Die Händler waren sprachlos. So etwas hatten sie noch niemals erlebt.
Mit ihren mit Geld gefüllten Körben standen sie beisammen.
»Warum tut Zachäus das? Wieso gibt er uns alles zurück und noch viel mehr? Ist er verrückt geworden?«

Mit den Kindern überlegen wir gemeinsam weiter.

1. Was kann Zachäus so verändert haben?
2. Gibt es das überhaupt, dass sich ein Mensch von einem Tag auf den anderen ändern kann?
3. Ist das denn möglich?
4. Kennt ihr so einen Menschen?

Judika

Einladungen zum Fest Gottes mit Stempeldruck-Motiven gestalten
Einladungskarten zum Fest Gottes – Ostern – werden mit Stempeldruck-Motiven festlich gestaltet. Die Stempel werden individuell hergestellt.
Das geht so: Zunächst wird eine einfache Skizze des Stempelbildes auf Moosgummi gezeichnet. Das aufgemalte Motiv wird mit einer kleinen spitzen Schere ausgeschnitten und vorsichtig mit Sekundenkleber auf eine gerade Fläche eines Holzklotzes geklebt. Nach dem Trocknen wird der Stempel zuerst auf ein farbiges Stempelkissen gedrückt (blau, gold, rot ...) und dann kräftig auf die Karte. Es entstehen einzigartige, kostbare Stempeldrucke.

Foto: Dirk Schliephake

Material:
Sägeabschnitte von gehobelten Dachlatten, 5 x 5 cm, Moosgummiplatte, Sekundenkleber, Schere, Stempelkissen, Stempelfarben, DIN-A6-Karten

Passalamm als Abendmahlsbrot

Mit einer Passalamm-Ausstechform werden aus Brotscheiben »Passalämmer« ausgestochen und als Brot zum Abendmahl gereicht.

Ebenso kann ein Teig hergestellt werden und die »Passalämmer« werden mit der Form ausgestochen und gebacken.

Foto: Dirk Schliephake

Passalamm-Rezept

Zutaten:
120 g Butter, 120 g Zucker, 1 Päck. Vanillezucker, 1 Ei, 200 g Magerquark
370 g Mehl, 3 Teelöffel Backpulver, 1 Prise Salz

Butter, Zucker, Salz und Ei schaumig rühren. Quark, Mehl und Backpulver dazugeben. Den Teig zuerst rühren, dann kneten. Den Teig in Alufolie gewickelt dreißig Minuten in den Kühlschrank stellen. Dann den Teig ausrollen (1 cm dick) und ausgestochene »Passalämmer« auf ein Backblech (Backpapier) legen. 10–12 Minuten bei 170 Grad im Backofen backen.

Stationen-Emmausweg in der Kirche

Am Ostersonntag feiern wir um 17.00 Uhr einen Generationen verbindenden Gottesdienst mit Abendmahl in der Kirche.

Station 1: Kreuz am Altar – Kerze

Wir hören von den beiden Jüngern in Jerusalem. Sie sind traurig. Jesus ist am Kreuz gestorben. Sie machen sich traurig auf den Weg nach Hause.
Eine Mitarbeiterin trägt eine noch nicht brennende Kerze.
Wir gehen gemeinsam langsam an die Nordseite des Kirchenschiffs.

Station 2: Im Norden

Plötzlich kommt ein Fremder und geht mit. *Die Kerze anzünden.*
»Warum seid ihr so traurig?« Die Jünger erzählen.
Wir gehen weiter zur Westseite des Kirchenschiffes.
Dort steht ein Tisch mit Abendmahlsbrot.

Station 3: Westseite – Emmaus – Brot

Am Abend kommen sie nach Emmaus.
»Bleibe bei uns Herr, denn es will Abend werden.«
Die Kerze auf den Tisch stellen.
Beim Abendbrot bricht der Fremde das Brot.
Miteinander Brot teilen.
Da gehen ihnen die Augen auf. Der Gekreuzigte ist auferstanden!
Wir gehen schnell zur Südseite des Kirchenschiffs.

Station 4: Südseite – brennende Herzen

»Brannte nicht unser Herz, als er mit uns redete?«
Alle bekommen ein rotes Herz angesteckt.
Wir eilen fröhlich zurück an die Ostseite zum Altar.
Dort steht ein Kelch mit Traubensaft.

Station 5: Jerusalem – Kelch

Die Kerze auf den Altar stellen.
In Jerusalem waren alle Jüngerinnen und Jünger versammelt.
Und der Auferstandene war mitten unter ihnen.
Wir trinken aus einem Kelch.
Wir beten und singen und gehen gesegnet in den Abend.

Quasimodogeniti

Handlungsorientierte Hinführung zum Abendmahl

Jesus nahm am Abend das Brot,	*Ein ganzes, rundes Brot nehmen,*
dankte Gott	*das Brot mit beiden Händen hoch halten,*
und sprach: Dies ist mein Leib, der für euch zerbrochen wird.	*das Brot in zwei Teile brechen,*
Dann nahm er den Kelch,	*den leeren Kelch nehmen,*
dankte Gott	*den Kelch mit beiden Händen hochhalten,*
und sprach: Dieser Kelch ist das Neue Testament in meinem Blut, das für euch vergossen wird,	*aus einer Kanne Traubensaft langsam in den Kelch füllen.*
damit ihr mein Leben habt bis in Ewigkeit.	
In unserer Bibel steht dieses so aufgeschrieben: *Einsetzungsworte und Austeilung*	

Stichworte:
Abendmahl, Brot, Kelch, Ostern, Reich Gottes, Tischgemeinschaft

Dirk Schliephake

Jesus – wer bist du?
Jesus entdecken mit Symbolen

04.05.2014
(Misericordias Domini)
Ich bin der gute Hirte
(Johannes 10,11)

11.05.2014
(Jubilate)
Ich bin das Licht
(Johannes 8,12)

18.05.2014
(Kantate)
Ich bin das Brot
(Johannes 6,35)

25.05.2014
(Rogate)
Ich bin die Tür
(Johannes 10,9)

Symbole begegnen uns überall im Alltag: als Beschilderungen im Straßenverkehr, als Icons auf dem Computer, als Grabsteine auf dem Friedhof und anderes mehr. Symbole helfen in ihrer elementaren Weise, uns in der Unübersichtlichkeit unserer Welt zurechtzufinden. Sie weisen über sich hinaus von der sichtbaren (hier: Hirte, Licht, Brot, Tür) auf die unsichtbare Welt (hier: Jesus, Gott). Sie verhelfen mit ihrer Gegenständlichkeit zum *Be*greifen der sich dahinter verbergenden Bedeutung. Sie bieten bildlichen und sprachlichen Ausdruck für Unsichtbares, Unsagbares und Unbegreifliches.

Der Einsatz von Symbolen im Kindergottesdienst ist

- spannend – oft ist die unsichtbare Welt, die sich hinter einem Gegenstand verbirgt, gut versteckt, muss entdeckt und enträtselt werden (und manchmal gibt es vielleicht sogar mehrere Lösungen);
- aufschlussreich – sind die Symbole erst einmal entschlüsselt, eröffnet sie uns eine hilfreiche Gesprächsebene über Gott und Jesus;
- anregend – der Umgang mit Symbolen kann Kinder ermutigen, selbst Aussagen über Gott und Jesus zu machen, diese ins Gespräch zu bringen, über sie mit anderen zu diskutieren und darüber zu reflektieren.

Liturgische Gestaltung

Hören – Antworten

Lied: »So, wie ein Hirte wacht«

Das folgende Lied nimmt in seinen Strophen genau die Jesus-Symbole dieser Einheit auf: Hirte, Brot, Licht und Tür/Haus. Daher kann es an allen vier Sonntagen gesungen werden – entweder als gesamtes Lied oder immer nur die jeweils dem Symbol zugeordnete Strophe. Wer das Lied auch als CD zur Verfügung haben möchte: Sie ist dem Buch »Bibelgeschichten zum Nachspielen und Mitmachen« beigelegt. Dort gibt es neben der gesungenen Fassung auch eine Playbackversion mit Flöte.

Text: Klaus-Uwe Nommensen, Melodie: Susanne Brandt

2. So, wie ein Hirte wacht, gibst Du, Gott, auf mich Acht.
Wie Schafe gutes Weideland hab ich das Brot aus Deiner Hand
und alles, was mir schmeckt, hast du für mich gedeckt.

3. So, wie ein Hirte wacht, gibst Du, Gott, auf mich Acht.
Wenn's dunkel ist und ich allein, dann weiß ich, Du wirst bei mir sein.
bin unter Deiner Hut, das macht mir neuen Mut.

4. So, wie ein Hirte wacht, gibst Du, Gott, auf mich Acht.
Du teilst Dein großes Haus mit mir, Du freust Dich, hast mich gern bei Dir,
umsorgst mich jeden Tag, egal was kommen mag.

Feiern – Teilen

Ermutigung weitergeben (für jeden Sonntag)

Diese vier Ich-bin-Worte sind sowohl Anspruch als auch Zusage. Zum einen fordern sie auf, sich ganz auf Jesus einzulassen und in seine Nachfolge einzutreten. Zum anderen sagen sie zu, dass es in Jesus einen verlässlichen Wegbegleiter und Freund gibt.

Mit einer kleinen Stuhlkreisrunde kann das so veranschaulicht und erfahren werden: Für jede Aussage wird ein Symbolgegenstand im Kreis von Kind zu Kind weitergegeben. Dazu wird das biblische Symbolwort gesagt. So hört jedes Kind die Botschaft für sich selbst und wird dann selbst wieder zum Boten, der die Botschaft weitergibt.

Diese Runde kann an jedem der vier Sonntage der Einheit mit einem entsprechenden Symbolgegenstand und -text stattfinden:

Symbolwort Jesus sagt:	Symbol- gegenstand
Ich bin der gute Hirte. Ich setze mich mit aller Kraft für dich ein.	*Hirtenstock*
Ich bin das Licht der Welt. Ich lasse dich im Dunkeln nicht alleine.	*Kerze*
Ich bin das Brot des Lebens. Bei mir bist du gut versorgt.	*Brot*
Ich bin die Tür zu Gottes Haus. Hier kannst du gut leben.	*Kirche*

Die Symbole als kleine Zeichnungen finden sich als Kopiervorlage *(Material im Internet, siehe Vorwort)*.

Jubilate

Tauferinnerung

Der Verweis auf Jesus als das Licht der Welt ist im Kirchenraum eng mit der Osterkerze verbunden. Daher bietet es sich an, die Osterkerze am zweiten Sonntag dieser Einheit in den Kindergottesdienst einzubeziehen, z. B. in einer kleinen Tauferinnerung.

Dazu können die Kinder am Sonntag vorher oder durch eine Presseveröffentlichung eingeladen werden, ihre eigenen Taufkerzen mitzubringen. Im Gottesdienst können die Kinder ihre Taufkerzen dann an der Osterkerze entzünden, so wie das auch bei der Taufe geschehen ist. Wenn die Kinder dieses nacheinander tun, können sie dabei sagen: »Ich bin getauft. Ich gehöre zu Jesus Christus. Er ist das Licht der Welt.« Kinder, die nicht getauft sind und somit auch keine eigene Taufkerze besitzen, können ermutigt werden, eine andere Kerze mitzubringen und sie an der Osterkerze zu entzünden. Dabei können sie eigene Worte finden oder sagen: »Jesus sagt: Ich bin das Licht der Welt.« Gut ist es, wenn ein paar Kerzen als Reserve bereitgehalten werden. Die entzündeten Kerzen können im weiteren Gottesdienstverlauf auf dem Altar stehen.

Kantate

Mahlfeier

Der Verweis auf Jesus als dem Brot des Lebens ist im kirchlichen Leben eng mit dem Abendmahl verbunden. Daher bietet es sich an, am dritten Sonntag dieser Einheit eine Mahlfeier zu halten. Besonders naheliegend ist natürlich eine Abendmahlsfeier für die ganze Gemeinde, die das Kindergottesdienst-Team und der Pfarrer/die Pfarrerin gemeinsam vorbereiten. Sollte das nicht möglich sein, kann auch eine kleinere Form einer Mahlfeier im Kindergottesdienst gefeiert werden. Die könnte zum Beispiel so aussehen:

Ein Brot wurde vorab in ein Tuch eingeschlagen. Es wird nun behutsam in den Kreis getragen, in der Mitte abgelegt und aufgedeckt. Dann wird der Bibelvers des Sonntages (Johannes 6,35) aus der Bibel vorgelesen. Nun bekommt jedes Kind eine Handvoll Körner und darf diese um das Brot herum auf das Tuch streuen. Dieses Tun wird mit folgenden Worten gedeutet: »So wie aus vielen einzelnen Körnern ein Brotlaib geworden ist, so hat Jesus Christus uns zu einer Gemeinschaft verbunden. Jeder Einzelne und jede Einzelne gehört dazu. Jesus sagt: *Ich bin das Brot des Lebens. Ich bin, was ihr zum Leben braucht. So seid ihr gut gestärkt und gut versorgt.*« Dann wird das weitere Vorgehen angeleitet: »Das wollen wir nun auch schmecken und diesen Geschmack miteinander teilen. Wir geben uns das Brot im Kreis weiter und sagen dazu: Das Brot des Lebens – für dich. Jede/jeder darf sich davon etwas abbrechen. Wenn alle mit Brot versorgt sind, essen wir es gemeinsam.« Ein Gebet schließt die Mahlfeier ab: Jesus Christus, du hast gesagt: Ich bin das Brot des Lebens. Du bist, was wir zum Leben brauchen. Du stärkst uns. Darüber freuen wir uns, dafür danken wir dir. Hilf uns, dass wir uns so gestärkt auch für andere starkmachen können. Amen.

Sendung – Segen

Gottes Segen begleite uns:
Er schütze uns wie ein Hirte seine Schafe.
Er erleuchte uns wie Licht in der Nacht.
Er stärke uns wie Brot, wenn wir hungrig sind.
Er öffne uns die Tür zum Leben.
So begleite uns Gottes Segen – Amen.

Kurzgeschichte

Die Kurzgeschichte kann einen Impuls zum letzten Symbol am Sonntag Rogate geben.

Die richtige Tür

Ein junger Mann war zu Gast in einem Kloster. Bis spät in die Nacht hatte er mit einem der Mönche über sein weiteres Leben gesprochen und bei ihm Hilfe und Orientierung gesucht. Nach Beendigung des Gesprächs traten die beiden auf den langen dunklen Flur, an dem die Türen zu den Zellen der Mönche lagen. Der Mönch zeigte mit seiner rechten Hand in Richtung des Flurs und bemerkte dabei: »Dein Leben ist ebenso wie dieser lange Flur mit den vielen Türen. Nur an einer Tür kannst du stehenbleiben und eintreten. Überlege dir wohl, mein junger Freund, welche Tür du wählst.«

Aus: Willi Hoffsümmer: Kurzgeschichten 4, 233 Kurzgeschichten für Gottesdienst, Schule und Gruppe, Matthias-Grünewald-Verlag, Mainz, 1991

Kreative Ideen

Mindmap

Diese Ich-bin-Aussagen von Jesus über sich selbst müssen sich durch Geschichten aus dem Neuen Testament belegen lassen. Welche Geschichten fallen uns zur jeweiligen Aussage ein? Gibt es eine Geschichte, die besonders gut passt? Die Ergebnisse lassen sich dann in Form einer Mindmap festhalten, Beispiel als Kopiervorlage *(Material im Internet, siehe Vorwort)*.

Zeichnung: Susanne Betz

Miteinander theologisieren

Jesus spricht in Symbolen/Bildern von sich selbst. Also können auch wir so über ihn sprechen. Fallen uns noch mehr Symbole ein, die zeigen können, was und wie Jesus für uns ist? Die Ergebnisse dieses Nachdenkens können entweder auf Kärtchen aufgeschrieben oder -gemalt werden. Oder sie lassen sich mit Legematerial darstellen.

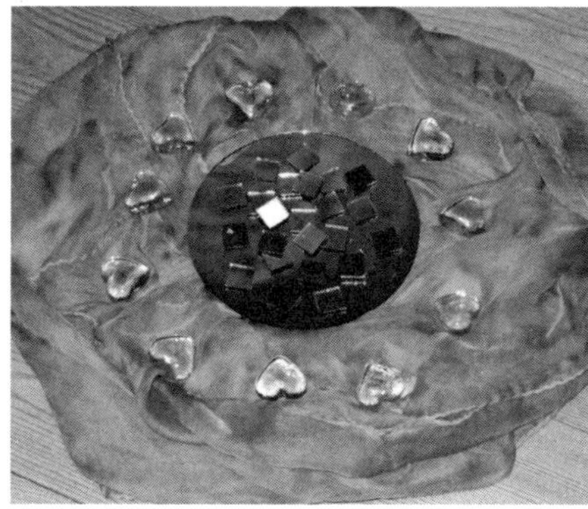

Fotos: Susanne Betz

Für ältere Kinder, die auch gerne mal in der Bibel nachlesen:
Jesus bezeichnet sich als Hirte, Licht, Brot und Tür. Im Johannesevangelium finden sich noch weitere Ich-Bin-Aussagen von Jesus. Welche können wir noch finden? Welche davon finden wir besonders gut und warum?

Stichworte:
Jesus, Symbol, Hirte, Licht, Brot, Tür, Taufe, Abendmahl.

Susanne Betz

Hand aufs Herz
Von Glauben und Mut, Verstand und Gefühl

29.05./01.06.2014
(Himmelfahrt/Exaudi)
Das Herz: ... weise und verständig
(1 Könige 3,5–15.[16–28)

08./09.06.2014
(Pfingsten)
Fröhlich und voller Tatendrang
(Apostelgeschichte 2 i. A.)

15.06.2014
(Trinitatis)
... barmherzig und furchtlos
(Psalm 112)

22.06.2014
(1. Sonntag nach Trinitatis)
... glaubensstark und lebensfroh
(Römer 10,8b–13)

Das Herz ist das Symbol für die Mitte des Menschen, seiner Welt und seiner Beziehungen.

- Wenn »etwas von Herzen kommt«, dann erreicht es auch den anderen.
- Wenn uns etwas emotional berührt oder bedeutet, dann »geht es zu Herzen«.
- Wenn wir »unser Herz öffnen«, dann offenbaren wir unser Innerstes.

Ganz gleich, ob wir Kinder oder Erwachsene fragen, was »das Herz« für sie bedeutet, es wird immer mit Liebe und Gefühl gleichgesetzt werden. Aber das Herz ist auch das Zentrum unserer Lebenskraft: Vom Herzen geht der lebenserhaltende Blutstrom aus und geht auch wieder dorthin zurück. Das Schlagen des Herzens kann man sehen, einem Menschen »ins Herz sehen« ist nicht möglich. Das Herz ist Symbol der inneren Einstellung eines Menschen, seines Denkens und Planens, seiner Wünsche und Hoffnungen, seines Urteilens und seiner Ansichten. Oft bestimmt es unser Handeln mehr als der Verstand.

Das Herz ist der Sitz von Liebe und Zuneigung, ebenso von Hass und Abneigung. Wir handeln aus dem Affekt heraus, wenn wir nur auf unser Herz und nicht auch noch auf unseren Verstand hören. Besonders in den Psalmen spielt das Herz als Symbol für die innere Einstellung des Menschen eine große Rolle: *»Prüfst du mein Herz ..., dann findest du an mir kein Unrecht.«* (Psalm 17,3) Das Herz ist das Symbol der Liebe, der Liebe zu den Menschen und dem Menschen ebenso wie zu Gott. Wenn wir von einem liebevollen Menschen sprechen, sagen wir, dass er »ein gutes Herz« habe. Es geht also um Beziehungen und Gemeinschaft. Und darum sieht Gott das Herz an, heilt die zerbrochenen Herzen und verheißt dem Glaubenden ein neues Herz.

Das zentrale Bekenntnis des Alten Testamentes *»Höre, Israel, der Herr ist unser Gott, der Herr allein. Und du sollst den Herrn, deinen Gott, lieb haben von ganzem Herzen, von ganzer Seele und mit all deiner Kraft.«* (5 Mose 6,4+5) wird im Neuen Testament von Jesus im Doppelgebot der Liebe aufgenommen und ausgeweitet, indem er die Liebe zum Nächsten und zu sich selbst mit einschließt (Matthäus 22,37–40). So wird das Herz als Lebenszentrum entdeckt. Verschiedene Aspekte leiten uns dabei. Deshalb sollte nicht nur in den biblischen Texten der Einheit, sondern auch in der liturgischen Gestaltung unserer Gottesdienste die Vielfalt der Bedeutung des Symbols »Herz« aufgenommen werden.

Liturgische Gestaltung

Zusammenkommen – sich Gott zuwenden

Psalmgebet nach Psalm 139

Dieses Gebet begleitet uns in allen Gottesdiensten.

Erforsche mich, Gott,	*Schräg nach oben ausgestreckte Hände auf die Brust führen.*
und erkenne mein Herz;	*Beide Hände auf das Herz legen.*
prüfe mich und erkenne, wie ich es meine.	*Ausgestreckte Zeigefinger an die Schläfe legen.*
Und siehe, ob ich auf bösem Wege bin,	*Die linke Hand geöffnet nach vorn halten und die rechte als Faust hinein drücken.*
und leite mich auf ewigem Wege.	*Mit den flachen Händen eine breite Bahn vor dem Körper beschreiben.*
Amen.	

Feiern – Teilen

Der **Kanon** »Gib uns Ohren, die hören« (DKG 195; KIKIHITs 3) wird mit Bewegungen gesungen, während wir im Kreis stehen:

Gib uns Ohren, die hören,	*Die Hände hinter die Ohren halten.*
und Augen, die sehn,	*Die Hände über die Augen halten.*
und ein weites Herz,	*Beide Hände auf das Herz legen und wie eine Blüte öffnen.*
andere zu verstehn.	*Die Hände der Nachbarn fassen und*
Gott, gib uns Mut,	*im Kreis gehen.*
unsre Wege zu gehen.	*Die linke Hand auf das Herz legen und die rechte nach oben geöffnet halten.*

Kurzgeschichte

Die Geschichte kann als thematische Hinführung an jedem Sonntag der Einheit eingesetzt werden. Wenn Gott das Herz eines Menschen verwandelt, dann verwandelt er den ganzen Menschen mit all seinem Denken und Tun.

Nikolaus und der Kaufmann mit dem steinernen Herzen

Ein Kaufmann hatte gute Geschäfte gemacht. Er war dabei sehr reich geworden. Doch ihm war es immer noch nicht genug. Er wollte noch mehr verdienen, denn er war mit allem unzufrieden. Als er eines Tages auf Reisen war, traf er einen Fremden. Der sprach zu ihm: »Möchtest du reicher werden als alle anderen?« Der Kaufmann antwortete: »Nichts lieber als das! Was muss ich dafür tun?« »Nicht viel. Du musst mir dafür dein Herz geben«, bekam er als Antwort zu hören. Ohne Zögern tauschte der Kaufmann sein Herz gegen einen Stein. Dies geschah in einem einzigen Augenblick und dann verschwand der Fremde.

In den folgenden Jahren wurde der Kaufmann immer reicher, reicher als alle anderen Menschen. Doch dabei wurde er immer einsamer und verlassener. Eines Tages kam er wieder an den Ort zurück, an dem er sein Herz gegen einen Stein getauscht hatte. Dort begegnete ihm Nikolaus von Myra. »Weshalb bist du so traurig?«, fragte er den Kaufmann. Da erzählte der reiche Mann ihm seine Geschichte. Nikolaus tröstete ihn und sprach: »Du kannst wieder glücklich werden, wenn du mit deinem Geld Gutes tust, indem du den Armen hilfst. Geh in die Häuser der Krankheit und des Hungers und lerne die Not der Menschen sehen.«

Der reiche Kaufmann tat das, was der Bischof Nikolaus von Myra ihm geraten hatte. Mit jeder helfenden Tat oder mit jedem guten Wort schien das steinerne Herz in seiner Brust immer weiter aufzuweichen. Der Stein schmolz dahin und das Herz kam wieder hervor. Und als der Mann starb, war aus dem armen Reichen ein reicher Armer geworden.

Legende – nacherzählt von Doris Dirwald

Kreative Ideen

Herz-Mobile

Als verbindendes Element dieser doch sehr unterschiedlichen Texte basteln wir ein »Herz-Mobile«.

Material: rotes Tonpapier, fluoreszierendes Papier, Klebstoff, Nähgarn, Schaschlik-Spieße, Schere, Buntstifte

Insgesamt benötigen wir fünf Herzen. Jedes Herz hat eine rote und eine fluoreszierende Seite. Wir beginnen mit dem Herzen, das am obersten Holzstab in der Mitte aufgehängt wird. Auf dieses Herz schreiben wir »Hand aufs Herz« oder malen eine Hand darauf. Die anderen Herzen, die dann darunter an die Holzstäbe gehängt werden, werden mit den Themen der einzelnen Gottesdienste beschriftet:

Foto: Doris Dirwald

»weise und verständig«
»fröhlich und voller Tatendrang«
»barmherzig und furchtlos«
»glaubensstark und lebensfroh«

Herzen mit Beschriftung als Kopiervorlage *(Material im Internet, siehe Vorwort)*

Himmelfahrt/Exaudi

Legeherz

In der Mitte liegt ein großes Herz. In einem Korb befinden sich vorbereitete Zettel mit Sprichwörtern und Redewendungen zum Thema »Herz«:

- einem ans Herz gewachsen sein
- jemanden im Herzen tragen
- sich etwas zu Herzen nehmen
- jemandem sein Herz schenken
- ein Herz aus Stein haben
- etwas auf dem Herzen haben
- jemandem fliegen alle Herzen zu
- sein Herz erleichtern
- sein Herz öffnen
- ihm rutscht das Herz in die Hose
- das Herz auf der Zunge tragen
- jemandem fällt ein Stein vom Herzen
- ins Herz treffen
- auf die Stimme des Herzens hören

Papierstreifen mit Herz-Redensarten als Kopiervorlage *(Material im Internet, siehe Vorwort)*

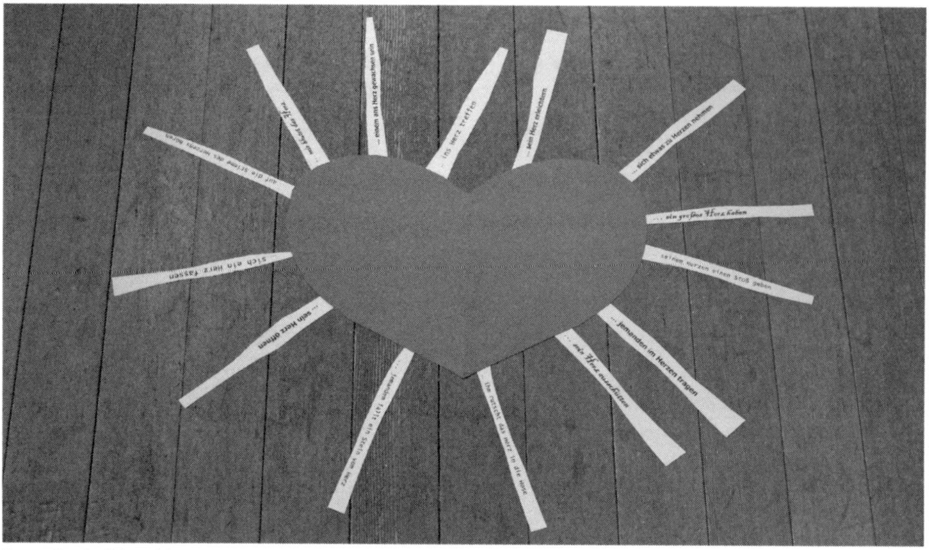

Foto: Doris Dirwald

Jeder sucht sich einen Zettel mit einem Sprichwort heraus, das ihn besonders anspricht oder ihm etwas bedeutet. Das Sprichwort wird vorgelesen. Wer mag, kann noch etwas dazu sagen, und dann wird der Zettel an das Herz in der Mitte angelegt.

Pfingsten

Herzkissen

Wir sitzen im Kreis und überlegen, wo wir in der letzten Zeit eine starke Gemeinschaft erfahren haben oder was uns besonders froh gemacht hat.
Dann sagen wir, was wir an einem anderen Kind oder Mitarbeiter toll finden. Dabei geben wir ihm oder ihr das »Herzkissen«. So wird das Kissen immer weitergereicht. Die Mitarbeiterinnen und Mitarbeiter sollten aber darauf achten, dass jedes Kind mit so einem Satz bedacht wird.

Trinitatis

»Harte Herzen«

Material:
Tonmasse, Farbe, Pinsel, Zahnstocher (zum Modellieren)

Fotos: Doris Dirwald

Wir brauchen in unserem Alltag »weiche Herzen« ...
... für unsere Mitmenschen
... für Tiere
... gegen die Furcht
... für Mut ...

Damit wir immer daran erinnert werden, gestalten wir »harte Herzen« aus lufttrocknender Tonmasse. Diese Herzen lassen sich vielseitig gestalten. Später können sie zur Erinnerung und Ermutigung mitgenommen werden.

1. Sonntag nach Trinitatis

»Herz-Kekse«
Wir verfassen ein eigenes Glaubensbekenntnis. Zur »Stärkung« gibt es dann leckere Vanillekekse.

Foto: Doris Dirwald

Herz-Vanille-Kekse

Zutaten: 200 g Butter, 150 g Puderzucker, 1 Vanilleschote, 300 g Mehl, 100 g Schokolade zum Verzieren

Die Zutaten zu einem glatten Teig verkneten. Den Teig in Folie wickeln und 30 Minuten kühlen. Dann auf etwas Mehl dünn ausrollen und mit Ausstechförmchen Herzen ausstechen. Ca. 15 Minuten bei ca. 150 °C backen. Nach dem Auskühlen werden die Kekse mit Schokolade verziert: die Schokolade schmelzen und in einen Gefrierbeutel füllen. Dann eine kleine Ecke abschneiden und die Schokolade über die Kekse spritzen.

Stichworte:
Herz, Glauben, Glaubensbekenntnis, Nachfolge

Doris Dirwald

Alt und Jung – von Gott getragen

29.06.2014
(2. Sonntag nach Trinitatis)
Alt und Jung gehören zusammen
(1 Samuel 3)

06.07.2014
(3. Sonntag nach Trinitatis)
Gott trägt Alt und Jung
(Jesaja 46,4)

»Ich bin schon groß!«, sagt das Kind. »Ich fühle mich noch jung!«, sagt der alte Mensch. Das Kind möchte groß und erwachsen werden. Der alte Mensch möchte jung bleiben. Menschen in verschiedenen Lebensaltern schauen auf andere in anderen Lebensaltern und vergleichen sich.

Das Thema »Alt und Jung – von Gott getragen« formuliert eine Selbstverständlichkeit. Ein lieber Gott, der ein Lebensalter bevorzugt oder ein anderes vernachlässigt, ist kein lieber Gott. Für uns aber sind die Lebensalter, in denen wir uns gerade nicht befinden, fremd. Deshalb bieten die kreativen Vorschläge spielerische Möglichkeiten an, sich in andere Lebensalter hineinzuversetzen. Ebenso erzählt die Kurzgeschichte von überraschenden Ähnlichkeiten zwischen Kindes- und Greisenalter. Ziel einer solchen Reihe sollte es sein, mit den Kindern ins Gespräch zu kommen. Wenn Kinder zu erzählen anfangen, darf das Spiel auch gerne unterbrochen werden.

Liturgische Gestaltung

Zusammenkommen – sich Gott zuwenden

Votum

Im Namen Gottes feiern wir diesen Kindergottesdienst.
In Namen Gottes feiern die Erwachsenen ihren Gottesdienst.
Zu ihnen gehören auch die alten Menschen.
Wer nicht in die Kirche kommen kann,
erlebt den Gottesdienst im Radio oder im Fernsehen.
Du, guter Gott, bist bei uns, sprichst uns an und hörst uns zu.
Groß und Klein, Alt und Jung – wir alle sind deine Kinder und deine Gemeinde.

Psalmgebet

Eine/r: Das Baby lacht in der Wiege.
Es freut sich, wenn ein fröhliches Gesicht nach ihm schaut.
Alle: **Alle Deine Kinder loben Dich und freuen sich über ihren Vater im Himmel.**
Eine/r: Die Kinder spielen im Garten.
Sie laufen und toben, schlagen Purzelbäume und das Rad.
Alle: **Alle Deine Kinder loben Dich und freuen sich über ihren Vater im Himmel.**
Eine/r: Die Kinder lesen dicke Bücher,
sie rechnen mit großen Zahlen und spielen Trompete und Klarinette.
Alle: **Alle Deine Kinder loben Dich und freuen sich über ihren Vater im Himmel.**
Eine/r: Die Erwachsenen sitzen am Steuer ihrer Autos.
Sie erlernen einen Beruf und gehen zur Arbeit.
Alle: **Alle Deine Kinder loben Dich und freuen sich über ihren Vater im Himmel.**
Eine/r: Die Erwachsenen freuen sich auf den Feierabend.
Ihnen schmeckt das Abendessen. Danach legen sie die Füße hoch.
Alle: **Alle Deine Kinder loben Dich und freuen sich über ihren Vater im Himmel.**
Eine/r: Die alten Menschen freuen sich, dass sie Enkel haben.
Sie haben Zeit, ihnen zuzuhören, und spielen mit ihnen.
Alle: **Alle Deine Kinder loben Dich und freuen sich über ihren Vater im Himmel.**
Eine/r: Die alten Menschen gönnen sich die Ruhe.
Sie erinnern sich an frühere Zeiten und erzählen davon.
Alle: **Alle Deine Kinder loben Dich und freuen sich über ihren Vater im Himmel.**

Kurzgeschichte

Die Kurzgeschichte stellt in sechs Szenen die Veränderung eines Babys dem eines alten Menschen gegenüber. Die Parallelen sind deutlich. Beim Kind ist es eine Entwicklung, beim alten Menschen ein Abnehmen der Kräfte und Möglichkeiten. Die Geschichte will zum Gespräch über diese Parallelität anregen. Die Kinder werden noch viel mehr Beispiele dafür nennen können.

Lena und Opa

Nico hat eine kleine Schwester bekommen. Im Krankenhaus sieht er Lena zum ersten Mal. Das kleine Gitterbettchen steht neben dem großen Bett der Mutter. Lena hat die Augen zu und schläft. Nico hatte sich so auf sein Schwesterchen gefreut. Jetzt ist er enttäuscht: »Mit der kann ich ja gar nicht spielen. Die liegt ja nur im Gitterbett und schläft.«

Am Nachmittag besucht Nico seinen Opa im Pflegeheim. Opa ist sehr alt und sehr vergesslich. Immer wieder fallen ihm die einfachsten Worte nicht ein. Beim Fang-den-Hut-Spielen verwechselt er die Farbe der Setzer. Heute schaut Opa Nico lange an: »Wer bist du?«, fragt er. Lange besinnt er sich. Dann sagt er: »Nico.«

Lena kann jetzt schon sitzen. »Wir holen den Buggy vom Dachboden«, sagt der Vater. Lena bekommt den Anorak angezogen und wird in den Buggy gesetzt. Dann beginnt die Ausfahrt. Lena schaut den Autos nach, die vorbeifahren. Nico darf den Wagen schieben. »Aber pass gut auf!«, sagt Vater.
Am Nachmittag besucht Nico seinen Opa. Opa sitzt auf der Dachterrasse im Rollstuhl. »Wir machen eine Ausfahrt«, sagt Vater. Mit dem Aufzug fahren sie ins Erdgeschoss. Dann drehen sie eine Runde um den kleinen Teich im Park. Nico versucht, den Rollstuhl zu schieben. »Mit Lenas Kinderwagen geht es leichter«, sagt er.

Lena greift nach dem Teller auf dem Couchtisch. Mutter sagt: »Nein, nein, nein!« »Nei, nei, nei«, plappert Lena nach. Nico kommt aus dem Kindergarten. »Nico!«, ruft die Mutter, »hilfst du mir beim Tischdecken?« »Nio, nio«, plappert Lena. »Sie hat Nico gesagt«, freut sich Nico und ist stolz auf seine Schwester.
Am Nachmittag macht Nico die Tür zu Opas Zimmer vorsichtig auf. Opa sitzt nicht im Sessel. Er liegt im Bett. Das Bett hat ein Gitter wie ein Kinderbett.
»Opa«, sagt Nico leise. Opa schläft. Er macht seine Augen nicht auf. Er atmet ganz ruhig. ›Jetzt kann ich nicht mehr Fang-den-Hut mit ihm spielen‹, denkt Nico.
»Er schläft und nichts tut ihm weh«, sagt Vater.

Gottfried Mohr

Kreative Ideen

Spiel

Eher für die Jüngeren geeignet ist diese Form des Spieles »Der Lebenskreis«.

Material:
Spielplan, Setzer für jedes Kind, Zahlenwürfel, Würfel der Lebensalter, Gummibärchen

Vorbereitung:
Spielplan und Lebensalterwürfel gestalten

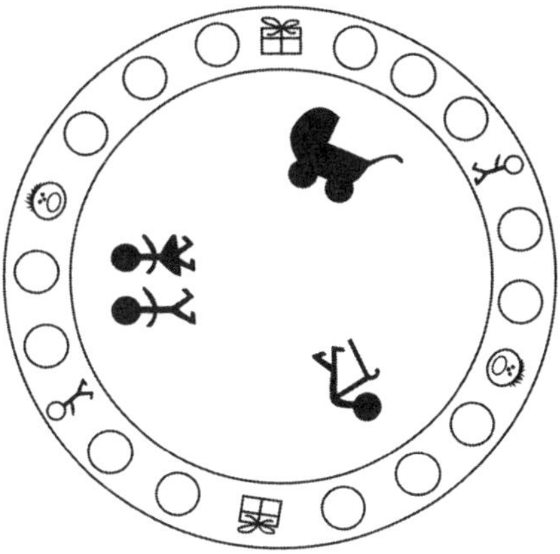

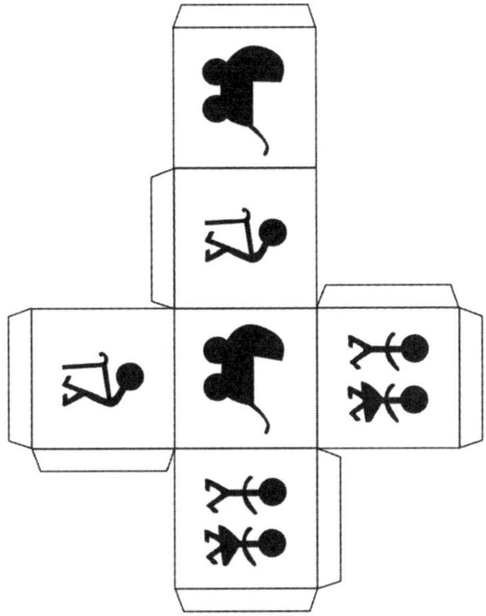

Zeichnungen: Gottfried Mohr

Die Zeichnungen findet man als pdf-Datei zum Erstellen einer Kopiervorlage *(Material im Internet, siehe Vorwort)*.

Spielverlauf:
Es wird reihum gewürfelt. Wer auf ein Feld mit Symbol kommt, muss eine Aufgabe erfüllen:

 eine Bewegung vormachen	 einen Laut von sich geben	 einen Gegenstand nennen

Vorher wird mit dem Lebensalterwürfel gewürfelt.

 Bewegung/Laut/Gegenstand typisch für ein Baby	 Bewegung/Laut/Gegenstand typisch für Erwachsene	 Bewegung/Laut/Gegenstand typisch für alte Menschen

Jede Mitspielerin, jeder Mitspieler, der oder die eine Aufgabe erfüllt hat, bekommt als Belohnung ein Gummibärchen. Gewinner ist, wer zuerst neun Gummibärchen bekommen hat.

Eher für die Älteren geeignet ist folgende Form des Spieles »Der Lebenskreis«.

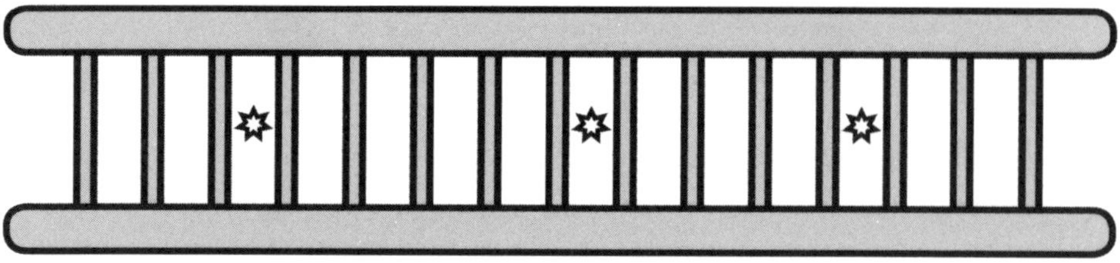

Zeichnung: Gottfried Mohr

Die Zeichnung findet man als pdf-Datei zum Erstellen einer Kopiervorlage *(Material im Internet, siehe Vorwort)*

Material:
Spielplan, Spielfiguren für jedes Kind, Zahlenwürfel, Ereigniskarten (beschriftet und leer), ein Schreibblock und Stift, Gummibärchen

Vorbereitung:
Der Spielplan besteht aus drei Leitern, eine steht für den Lebensabschnitt Kindheit, eine für den Lebensabschnitt Erwachsensein, eine für den Lebensabschnitt Alter. Die Spielkarten werden kopiert oder beschriftet. Neben den beschrifteten Spielkarten sind auch leere Karten notwendig. Im Gruppenraum werden folgende Gegenstände versteckt: Schnuller, Schlüsselbund, Brille.

Spielkarten:
Die Spielkarten findet man als Kopiervorlage *(Material im Internet, siehe Vorwort)*.

Das Baby hat den Schnuller verloren. Suche den Schnuller im Raum.	Der/die Erwachsene hat seinen/ihren Schlüsselbund verloren. Suche den Schlüsselbund im Raum.	Der alte Mensch hat seine Brille verlegt. Suche sie im Raum.
Das Baby kann alleine mit dem Löffel essen. Was isst das Baby mit dem Löffel? Nenne drei Gerichte.	Der/die Erwachsene ist zum Fest eingeladen. Es gibt ein kaltes Buffet. Nenne drei besonders leckere Speisen.	Der alte Mensch hat Probleme mit den Zähnen. Nenne drei Speisen, die schwer zu beißen sind.

Das Kind hat seine eigene Sprache. Nenne drei Worte in der Babysprache.	Der/die Erwachsene kann Fremdsprachen. Nenne drei Worte in einer fremden Sprache.	Der alte Mensch kennt Wörter, die wir heute nur noch selten verwenden. Nenne drei Beispiele.
Das Kind hat mit dem Schreiben noch Probleme. Schreibe deinen Namen in Spiegelschrift.	Der/die Erwachsene hat sich eine Hand gebrochen. Schreibe deinen Namen mit der linken Hand (Linkshänder mit der rechten).	Der alte Mensch hat ein steifes Handgelenk. Schreibe deinen Namen mit steifem Handgelenk.
Das Kind hat sein Spielzeug verloren. Suche irgendeinen Gegenstand, den du einem Kleinkind zum Spielen geben kannst.	Der/die Erwachsene freut sich an neuen Erfindungen. Nenne eine Erfindung, die es noch nicht lange gibt.	Der alte Mensch erinnert sich an Dinge, die es heute nicht mehr gibt. Nenne ein Beispiel.
Das Kind hat eine Kinderkrankheit. Stelle eine Kinderkrankheit pantomimisch (Geräusche sind erlaubt) dar. Die anderen müssen raten.	Der/die Erwachsene hat einen Beruf erlernt. Stelle einen Beruf pantomimisch dar. Die anderen müssen raten.	Im Altenpflegeheim werden Angebote für alte Menschen gemacht. Stelle ein Angebot pantomimisch dar. Die anderen müssen raten.
Das Kind feiert seinen ersten Geburtstag. Was willst du ihm schenken?	Der/die Erwachsene feiert seinen/ihren 40. Geburtstag. Was willst du ihm/ihr schenken?	Der alte Mensch feiert seinen 80. Geburtstag. Was willst du ihm/ihr schenken?
Das Kind kann sich nun fortbewegen. Mache vor, wie das aussieht.	Der/die Erwachsene treibt gerne Sport. Mache eine Sportart vor.	Wie sehen die Bewegungen eines alten Menschen aus? Mach es uns vor.
Kinder haben besondere Kleidung. Nenne ein Kleidungsstück für ein Baby.	Erwachsene müssen rechnen können. Wie viele Brötchen kannst du mit zwei Euro kaufen?	Alte Menschen haben viele Erfahrungen. Nenne ein Sprichwort, das eine Erfahrung ausdrückt.

Erzähle uns eine Erinnerung an deine Kindergartenzeit.	Kennst du einen Erwachsenen, der im Ausland lebt? Erzähle uns von ihm.	Was hat dir deine Oma/ dein Opa von früher erzählt?
Kinder lieben ihre Fahrzeuge. Nenne fünf Kinderfahrzeuge.	Wer erwachsen ist, darf Auto fahren. Zähle zehn Automarken auf.	Wenn ein alter Mensch nicht mehr Auto fahren kann, wie kann er dann reisen?

Die Spielkarten werden den drei Leitern zugeordnet.

Spielverlauf:
Es wird reihum gewürfelt. Wer auf ein Feld mit * kommt, zieht eine Ereigniskarte. Wer die Aufgabe erfüllt hat, bekommt ein Gummibärchen. Sieger ist, wer am Schluss, wenn alle das Ende der dritten Leiter erreicht haben, die meisten Gummibärchen hat. Er/sie hat die meisten Lebenserfahrungen gemacht.

Spielvariante (eventuell für den zweiten Sonntag):
Zusammen mit den Kindern werden neue Ereigniskarten für die drei Lebensalter ausgedacht und aufgeschrieben. Dann wird das Spiel mit den neuen Ereigniskarten gespielt.

Stichworte:
Alt und Jung, Lebensalter, Gesellschaftsspiel

Gottfried Mohr

Gut, dass wir einander haben
Jesus und seine Jünger und Jüngerinnen

13.07.2014
(4. Sonntag nach Trinitatis)
Einander vertrauen
(Lukas 5,1–11)

20.07.2014
(5. Sonntag nach Trinitatis)
Einander unterstützen
(Lukas 8,1–3)

27.07.2014
(6. Sonntag nach Trinitatis)
Einander etwas zutrauen
(Lukas 9,1–6)

03.08.2014
(7. Sonntag nach Trinitatis)
Sich Zeit füreinander nehmen
(Lukas 10,38–42)

»Gut, dass wir einander haben« – viele kennen diese Worte aus dem gleichnamigen Lied. Die Geschichten dieser Einheit wollen den Kindern zeigen, wie Jesus in seiner Zeit den Menschen begegnet ist. Er hat sich zuerst einmal Zeit genommen, die Menschen wahrgenommen und ernst genommen. Und Jesus hat sie gestärkt, ihnen zugeredet, ihnen eine Aufgabe gegeben und sie auf das Wesentliche des Lebens hingewiesen. Er zeigt in diesen Begegnungsgeschichten und in seinem Handeln immer wieder die Liebe Gottes zu uns Menschen. Und das tut einfach gut. »Einander vertrauen« – »einander unterstützen« – »einander etwas zutrauen« – davon lebt jede Beziehung. »Sich Zeit nehmen« ist in unserer Gegenwart eine Mangelerscheinung, was viele Kinder in der Familie und bei Freunden erleben. Sie selbst sind oft schon in der Grundschule mit Schulaufgaben und Freizeitprogramm so ausgebucht, dass Zeit zum Treffen und Spielen mit Freunden und Freundinnen etwas ganz Besonderes wird. Dabei sind Begegnungen und Beziehungen so wichtig für das Leben – egal in welchem Alter. Auch der Kindergottesdienst bietet – Gott sei Dank – genug Zeit füreinander und stärkt das Miteinander. Das können die Kinder in dieser Einheit erleben.
In allen Geschichten können Biegepüppchen eingesetzt werden. Die Kinder nehmen mit ihnen aktiv an der Erzählung teil.

Liturgische Gestaltung

Zusammenkommen – sich Gott zuwenden

Eingangsgebet mit Kehrvers

Das Gebet kann in allen Gottesdiensten der Einheit gesungen oder gesprochen werden. Der Kehrvers ist der Refrain des Liedes von Manfred Siebald.

Gut, dass wir einander haben, gut, dass wir einander sehn,
Sorgen, Freuden, Kräfte teilen und auf einem Wege gehn.
Gut, dass wir nicht uns nur haben, dass der Kreis sich niemals schließt
und dass Gott, von dem wir reden, hier in unsrer Mitte ist.

Text und Melodie: Manfred Siebald, © 1990 SCM Hänssler, Holzgerlingen

Gott, wir feiern wieder Kindergottesdienst.
Wir freuen uns, dass Du auch bei uns bist.
Manches haben wir erlebt in der vergangenen Woche:
Vieles ist geglückt, manches macht uns auch Sorgen.
Wie gut, dass wir jetzt zusammen sein können!
Wie gut, dass wir Dich haben!
Wie gut, dass wir einander haben!
Gut, dass wir einander haben ...
Amen.

Feiern – Teilen

7. Sonntag nach Trinitatis

An diesem Sonntag könnte auch ein kleines Fest unter dem Motto »Gut, dass wir einander haben« veranstaltet werden. Jeder bringt eine Kleinigkeit zum Essen mit, vielleicht kommen auch die Eltern und Geschwister dazu und erleben den Gottesdienst mit ihren Kindern mit. Das stärkt die Gemeinschaft, man nimmt sich Zeit füreinander und für Gott! Und alle halten ein wenig inne und genießen den Ruhetag in seinem ursprünglichen Sinn.

Sendung – Segen

Segen mit Refrain

Wir stehen im Kreis, halten uns an der Hand und singen nochmals den Refrain: Gut, dass wir einander haben ...
Dann sprechen wir den Segen einander zu. Die einzelnen Sätze werden vorgesprochen und von allen wiederholt.
Gott stärke dich. – Gott beschütze dich. – Geh' deinen Weg in Zuversicht und Freude.
Amen.

Danach kann evtl. nochmals dieser Refrain gesungen werden.

Kurzgeschichte

Wo und wie können Kinder heute das Thema dieser Einheit »Gut, dass wir einander haben« erfahren? Eine Freunde-Geschichte soll die einzelnen Aspekte der Einheit aufnehmen. Sie kann als Einstieg für die ganze Einheit oder bei einem Begegnungsfest/Abschlussfest eingesetzt werden.

Jochen

Schon in der Grundschule hatten sie sich angefreundet. Ingo war größer als Jochen und viel stärker.

Sie hatten manchen Streich zusammen ausgedacht, besonders in den Ferien. Und wenn Ingo mit seinen Eltern verreiste, schickte er Ansichtskarten an Jochen. Er war auch immer auf der Jagd nach Bierdeckeln, weil er wusste, dass Jochen sie sammelte. Und Jochen achtete darauf, dass jede Briefmarke, die ihm in die Hände kam, in Ingos Sammlung landete ...

Aber vor ein paar Tagen hatten sie sich gestritten und seitdem nicht miteinander geredet. Und ausgerechnet heute war Ingo mit seinem Fahrrad gestürzt!

Er war mit Achim und Micha unterwegs gewesen. In einer Kurve kam Ingo zu nahe an die Bordsteinkante und verlor das Gleichgewicht. Er stürzte und konnte nicht mehr aufstehen. Ingo presste vor Schmerz die Zähne aufeinander. Achim und Micha wollten ihm aufhelfen, doch es ging einfach nicht. Ratlos standen die beiden da.

Gerade in diesem Augenblick kam Jochen vorbei.

Er sah Ingo am Boden liegen, stutzte einen Moment und ging dann schnell zu dem Verletzten. »Lasst Ingo ganz ruhig liegen«, sagte er zu den beiden Jungen. »Mit seinem linken Bein scheint etwas nicht in Ordnung zu sein. Ich hole Hilfe!« Jochen rannte fort, und kurze Zeit später war der Krankenwagen da. Vorsichtig legten zwei Helfer Ingo auf eine Trage, die in den Wagen geschoben wurde.

»Er ist mein Freund«, sagte Jochen und stieg mit in das Krankenauto.

»Wir kümmern uns um Ingos Fahrrad!« rief Achim. Micha half ihm dabei.

Viel später erwachte Ingo im Krankenhaus aus der Narkose. Noch etwas benommen nahm er undeutlich wahr, dass seine Eltern an seinem Bett saßen.

»Es hätte viel schlimmer ausgehen können«, sagte sein Vater zu ihm. Und seine Mutter meinte: »Ja, du hattest Glück. Der Arzt hat uns gesagt, dass es ein glatter Bruch ist.«

Dann bemerkte Ingo, dass noch jemand im Zimmer war: Jochen. Er saß auf einem Besucherstuhl und spielte nervös mit seinen Fingern. Offensichtlich fühlte er sich nicht besonders wohl.

»Gut, dass Jochen dabei war!« äußerte sein Vater.

Aber Ingo schlief schon wieder.

In der ersten Zeit bekam Ingo viel Besuch; aber bald wurde es spärlicher. Vater und Mutter konnten auch nicht immer kommen. Sie wechselten sich ab.

Nur einer war jedes Mal da: Jochen. An Jochens Arm humpelte Ingo auch durch den

Park des Krankenhauses. Ob es Jochen etwas ausmachte, ihn am Arm mitzuschleppen? Ingo war schließlich einen Kopf größer als er und viel stämmiger. Aber Jochen ließ sich nichts anmerken.
Als Ingo entlassen wurde, musste er noch wochenlang zu Hause bleiben. Und jeden Tag war Jochen bei ihm. In der Zeit, in der er sonst zum Schwimmen oder in die Sporthalle gegangen war, saß er bei seinem Freund. Und er war ebenso froh wie Ingo, als sie zum ersten Mal wieder zusammen ins Kino gehen konnten. Ein wenig langsamer zwar, aber doch gemeinsam. Später schenkten Ingos Eltern Jochen eine CD.
»Du hast dich so um Ingo gekümmert!«, sagte die Mutter. Jochen war verlegen ...
Ingo stand betreten dabei. Jetzt wurde ihm bewusst, was Jochen für ihn getan hatte. Ingo hatte niemals darüber nachgedacht. Er hatte das alles einfach als selbstverständlich hingenommen – und sich gefreut, weil Jochen immer gekommen war.
Darüber sprechen konnte Ingo nicht; am allerwenigsten mit Jochen. Aber er nahm sich vor, in den Sommerferien, wenn er mit seinen Eltern nach Österreich fahren würde, alle Bierdeckel zu sammeln, die er nur auftreiben konnte. Für Jochen.

Nach Rolf Krenzer, in: Krenzer, Rolf (Hg.): Gib mir einen Freund, aber einen richtigen, Geschichten vom Streiten und Versöhnen, Limburg, 1993, S. 72ff.

Kreative Ideen

Herstellen von Biegepüppchen:

Materialien:
Rohpüppchen 11 cm (zu bestellen bei: www.buttinette.de Bestellnummer: 99-42324)
Puppenhaar (zu bestellen bei: www.buttinette.de Bestellnummer: 99-53631), weißer Bastelkleber, Zahnstocher, Bastelfarbe in braun, weiß, rot, Stoffreste in Naturfarben, uni und gestreift, Wollreste, Schere

Herstellung:
Zunächst wird ein Rechteck (13 x 11 cm) aus Stoff zugeschnitten, längs zur Hälfte (6,5 x 11 cm) gefaltet und diese im Stoffbruch nochmals aufeinandergelegt. Dann wird an der Kante für den Halsausschnitt ca. 1,5 cm senkrecht eingeschnitten. Danach kann der Stoff über den Kopf gezogen werden, dabei wird er gemäß der Zeichnung in Falten gelegt und mit dem Wollfaden (14 cm lang) direkt unter den Armen abgebunden – das Kleid ist fertig. Für die Haare benötigt man etwa 5–7 cm des Puppenhaares, den Zopf öffnen und die Wolle auseinanderziehen. Dann Bastelkleber dünn auf den Hinterkopf streichen und die Haare von hinten her um den Kopf herum legen. Anfang und Ende der Puppenhaare bilden quasi den Scheitel. Die Frauenfrisur beginnt mit einem Zopf am Hinterkopf, dann das Haar auch um den Kopf ziehen und wiederum hinten mit

Skizze »Kleid«: Beate-Michaela Jöst

einem Zopf enden lassen. Der Zahnstocher wird halbiert, mit der Schnittstelle – in Farbe getaucht – werden die Augen aufgetupft. Vorsicht! Nicht zu viel Farbe verwenden! Mit der Spitze eines Zahnstochers wird ein weißer Punkt in die »getrockneten« Augen gemalt. Dadurch »lebt« die Figur. Auch der Mund wird mit solch einer Spitze in Rot getupft. Und schon ist die Erzählfigur fertig. Die Jünger und Frauen erhalten bunt gestreifte Kleider, Jesus habe ich mit einem hellen Gewand bekleidet, damit er für die Kinder erkennbar bleibt. Weitere Ideen zum Umgang mit Biegepüppchen und die Bastelanleitung finden sich in »KIGO praktisch 2008«, S. 85f. Man kann sie auch fertig beim Verlag »Junge Gemeinde« in Stuttgart bestellen. http://www.junge-gemeinde.de/index.php/shop

Mit älteren Kindern können diese Biegepüppchen im 1. Gottesdienst der Reihe gebastelt werden. Zum Erzählen der Geschichten benötigt man immer viele Menschen, die im Dorf oder in der Stadt leben.

Bau der Kulisse

Material:
Kleine Kartons, Packpapier, Tesafilm, schwarzer Edding

Herstellung:
Es genügen drei bis fünf Häuser, die aus kleinen Kartons (z. B. Eisschachteln) gebaut werden können. Mit Packpapier werden sie wie ein Geschenk eingepackt. Mit schwar-

zem Edding werden eine Tür, ein Fenster und ein paar Mauersteine auf der Frontseite des Hauses aufgemalt. Diese Häuser sind schnell fertig und billig!
Ein sehr schönes Israelhaus, das zu der Größe der Figuren passt, und in das man die Figuren hineinsetzen kann, finden sie ebenfalls im Angebot des Verlages »Junge Gemeinde«.

Erzählen mit Biegepüppchen

In der Kreismitte liegt ein braunes Tuch. Die Kinder sitzen auf Sitzkissen darum herum, sie bauen zuerst die Kulisse auf (z. B. Dorf/Stadt aus Häusern aus Karton, Steine, blaues Tuch für den See, mehrere Biegepüppchen zu Häusern setzen oder stellen). Dann wird die Geschichte mit den »Akteuren« erzählt, die dann erst nach und nach in die Szene eingebracht werden.

4. Sonntag nach Trinitatis

Eine Dorfszene mit See und Strand wird aufgebaut. Für die Erzählung der Geschichte braucht man passende Figuren, 2 Holzboote und Fischernetz (Zitronennetz) mit Fischen (Goldfischli). Die Materialien sollen bereitliegen, wenn die Geschichte erzählt wird. Die »Fische« als Knabbergebäck werden zum Abschluss mit den Kindern gegessen.

Foto: Petra Tröndle

5. Sonntag nach Trinitatis

Eine Dorfszene wird aufgebaut und die Geschichte mit den Biegepüppchen erzählt. Zum Abschluss werden Plakatstreifen beschriftet: »Jeder hilft jedem!« »Alle für einen – einer für alle!« »Zusammen sind wir stark!« »Du bist wichtig!« »Gott hat Dich lieb!« Die Sätze werden um die Szene im Kreis herum angeordnet und man leitet ein Gespräch ein: Wie ist das bei uns? Vielleicht endet unser Gespräch mit der Abmachung: In der kommenden Woche macht jede/r etwas für eine/n andere/n. Die Namen der Kinder werden auf kleine Zettel geschrieben und jede/r zieht ein Kind, für das er/sie in der kommenden Woche etwas Gutes tut.

6. Sonntag nach Trinitatis

Eine Dorfszene wird aufgebaut und die Geschichte mit den Biegepüppchen erzählt. Nach der Erzählung nehmen wir einen Grundgedanken auf: Die Jünger werden beauftragt, zu heilen und Gottes Botschaft zu verkünden. Wir leiten ein Gespräch darüber ein mit der Frage: Was wollen wir anderen von Jesus erzählen? Wir sammeln Antworten auf kleinen gelben Karten. Und legen sie wieder um die Erzählszene herum.
Als Abschluss können die Kinder weiße Karteikarten bemalen und beschriften, um sie dann an Oma, Tante, Nachbar oder Freund zu verschenken. Solche Botschaften könnten sein:

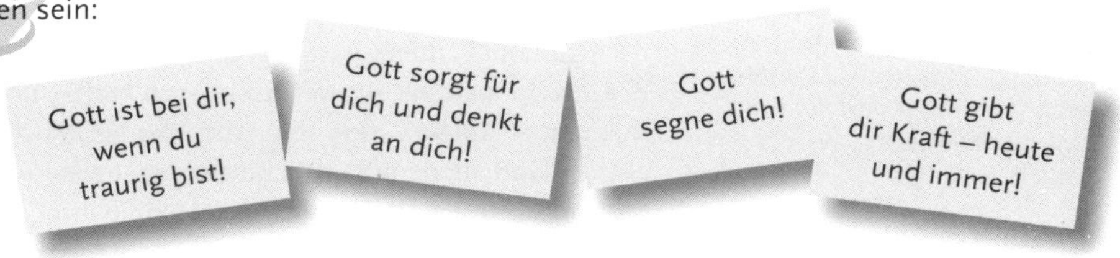

Foto: Petra Tröndle

7. Sonntag nach Trinitatis

Eine Dorfszene wird aufgebaut, eventuell mit Israelhaus (s. o.), in das Jesus und Maria gesetzt werden. Und Martha läuft mit Schüssel oder Tuch in den Händen im Haus umher. Nach der Geschichte wird das Gespräch eingeleitet mit den Fragen: ZEIT füreinander? ZEIT für Gott? Mit wem würdest du gerne ZEIT verbringen?

Stichworte:
Beziehungen, Freundschaft, füreinander/miteinander, Gemeinschaft, Zeit

Beate-Michaela Joest

Von Gottes Wort getragen – Geschichten vom Propheten Elia

10.08.2014
(8. Sonntag nach Trinitatis)
Am Bach Krit –
Elia wird von Gott versorgt
(1 Könige 16,29–33; 17,1–6)

17.08.2014
(9. Sonntag nach Trinitatis)
Auf dem Berg Karmel –
Gott siegt durch Elia
(1 Könige 18,1–2a.17–46)

24.08.2014
(10. Sonntag nach Trinitatis)
Am Berg Horeb – Elia begegnet Gott
(1 Könige 19,1–16)

31.08.2014
(11. Sonntag nach Trinitatis)
Nabots Weinberg – Elia tritt
für Gottes Gerechtigkeit ein
(1 Könige 21)

Der Name Elia bedeutet: Mein Gott ist Jahwe – mein Gott ist der HERR. Für Elia, den Mann aus Tischbe, ist sein Name Programm, das sein Leben bestimmt. Von ihren Füßen werden Menschen durch ihr Leben getragen. Als Prophet, als Mann Gottes wird Elia nicht nur von seinen Füßen, sondern ganz besonders durch Gottes Wort getragen. Elia macht sich auf »seine Füße«, um kräftig und mächtig zu zeigen, dass sein Gott, der HERR, der einzige Gott ist, dem Baal nichts entgegenzusetzen hat. Seine Füße tragen Elia dorthin, wohin ihn Gottes Wort trägt: Elia geht zu König Ahab und verkündet ihm, dass es nicht mehr regnen wird. Er versteckt sich auf Gottes Geheiß am Bach Krit und wird dort von Raben versorgt. Er besiegt alleine Baal und seine Priester auf dem Karmel. Er wird in der Wüste von einem Engel Gottes wieder lebenstüchtig gemacht und begegnet auf dem Horeb seinem Gott in einem sanften Säuseln. So gestärkt begegnet er wieder Ahab, der zum Mörder Nabots geworden ist, um ihm sein Ende anzusagen. Gottes Wort und seine Füße verleihen Elia die Standfestigkeit, die er braucht, um sich für Gott durchzusetzen. In einem fortlaufenden Wandfries, das zu den *Geschichten vom Propheten Elia* entstehen soll, werden das Wort Gottes und die Füße als die tragenden Elemente aus dem Leben Elias miteinander verbunden. Die Reihe ist für den wöchentlichen Kindergottesdienst geplant. Als Text für den monatlichen Kindergottesdienst ist 1 Könige 19,1–16 vorgesehen. Diese Geschichte kann auch als eigener Wandfries dargestellt werden.

Sendung – Segen

Das folgende Gedicht »Zum Segen berührt« von Pierre Stutz bietet sich an, dem aaronitischen Segen vorangestellt zu werden. Es hilft dabei den Kindern zu verdeutlichen, dass Gott sie durch das Wort seines Segens trägt und befähigt, bevor sie etwas tun. Wer mag, kann das Wort »deine« jeweils durch das Wort »Gottes« ersetzen. Durch einfache Gesten kann das Gesagte unterstrichen werden.

Zum Segen berührt

In meinen Händen deine Segenskraft spüren, die zum tatkräftigen Handeln bestärkt.	*Die Arme werden mit geöffneten Handflächen nach vorne ausgestreckt.*
In meinen Füßen deine Auferstehungskraft erfahren, die zum weltweiten Friedensweg ermutigt.	*Die Füße werden nacheinander auf den Boden aufgestampft.*
In meinem Herzen deine Liebeskraft erahnen, die zum staunenden Mitsein berührt.	*Beide Hände werden übereinander auf das Herz gelegt.*
Zwischen Erde und Himmel der Verheißung trauen gesegnet zu sein vor allem Tun.	*Der linke Arm zeigt mit ausgestrecktem Zeigefinger nach unten und der rechte Arm mit ausgestrecktem Zeigefinger nach oben.*

Kurzgeschichte

Die bekannte Geschichte »Spuren im Sand« bringt zum Ausdruck, was Elia in seinem Leben erfahren hat und was auch die Kinder in ihrem Leben erfahren sollen: von Gott begleitet und getragen durch das Leben zu gehen. Die Geschichte liefert außerdem die Idee für den Wandfries.

Spuren im Sand
Eines Nachts hatte ich einen Traum:
Ich ging am Meer entlang mit meinem Herrn. Vor dem dunklen Nachthimmel erstrahlten, Streiflichtern gleich, Bilder aus meinem Leben. Und jedes Mal sah ich zwei Fußspuren im Sand, meine eigene und die meines Herrn.
Als das letzte Bild an meinen Augen vorübergezogen war, blickte ich zurück. Ich erschrak, als ich entdeckte, dass an vielen Stellen meines Lebensweges nur eine Spur zu sehen war. Und das waren gerade die schwersten Zeiten meines Lebens.

Besorgt fragte ich den Herrn: »Herr, als ich anfing, Dir nachzufolgen, da hast Du mir versprochen, auf allen Wegen bei mir zu sein. Aber jetzt entdecke ich, dass in den schwersten Zeiten meines Lebens nur eine Spur im Sand zu sehen ist. Warum hast Du mich allein gelassen, als ich Dich am meisten brauchte?«

Da antwortete er: »Mein liebes Kind, ich liebe dich und werde dich nie allein lassen, erst recht nicht in Nöten und Schwierigkeiten. Dort, wo du nur eine Spur gesehen hast, da habe ich dich getragen.«

Margaret Fishback Powers

Kreative Ideen

Wandfries
Aus den vier Geschichten um den Propheten Elia soll ein Wandfries aus verschiedenen Materialien entstehen, der die einzelnen Stationen des Weges, den Elia geht, in Szene setzt und zeigt, dass Elia von Gottes Wort getragen wird. Über die ganze Breite des Frieses zieht sich Elias Fußspur. In die einzelnen Fußabdrücke werden Bibelverse geklebt, die davon sprechen, dass Gott seine Menschen trägt und ihnen nahe ist. Durch die

Gestaltung mit unterschiedlichen Materialien setzen sich die Kinder auf andere Weise noch einmal mit dem Inhalt der Erzählungen auseinander. Indem sie selbst einen Bibelvers für ihren Fußabdruck aussuchen, wählen sie ein Gotteswort, von dem sie sich getragen fühlen.

Material:
1 Rolle braunes Packpapier (B 0,70 m x L 5,00 m), 1 Paket weißes DIN-A4-Papier, kopierte und ausgeschnittene Bibelverse in Größe der Fußabdrücke, kopierte linke und rechte Fußabdrücke, Bleistifte, Buntstifte, Faserstifte, Wachsmalstifte, Sand, Federn, Watte, Kleister, Kleber, Scheren, Krepppapier: grau, Tonpapier: grau, schwarz, grün, lila, braun, rot

Bibelverse für die Füße: Josua 1,9; Psalm 1,6; Psalm 3,6; Psalm 16,11; Psalm 23,1.3.4.5; Psalm 27,1; Psalm 33,4; Psalm 34,5.9; Psalm 36,10; Psalm 55,23; Psalm 73,23; Psalm 77,14; Psalm 91,11.12; Psalm 103,8; Psalm 108,5; Psalm 115,12; Psalm 118,6.14.17; Psalm 119,105; Psalm 121,2; Psalm 145,16)

Kopiervorlage für Fußspuren-Bibelsprüche und Skizze zum Wandfries *(Material im Internet, siehe Vorwort)*

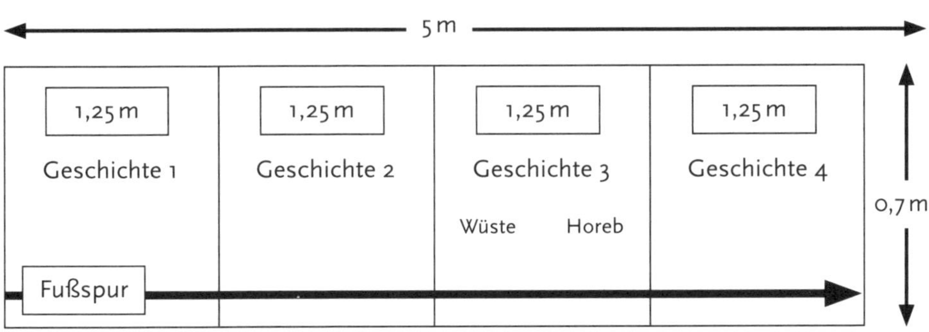

8. Sonntag nach Trinitatis: Am Bach Krit – Elia wird von Gott versorgt

Die Packpapierrolle wird ganz auf dem Boden ausgerollt. Jedes Kind bekommt einen Fußabdruck. Es muss darauf geachtet werden, dass linke und rechte Fußabdrücke in gleicher Anzahl verteilt werden. Der Fußabdruck wird ausgeschnitten. Jedes Kind sucht sich einen Bibelvers aus, der es besonders anspricht, und klebt ihn auf den Fußabdruck. Dann werden abwechselnd rechte und linke Fußabdrücke als Fußspur unten quer über die ganze Packpapierrolle geklebt. Elias Fußspur ist jetzt erkennbar. Aber sie erzählt noch nicht, was Elia erlebt hat.

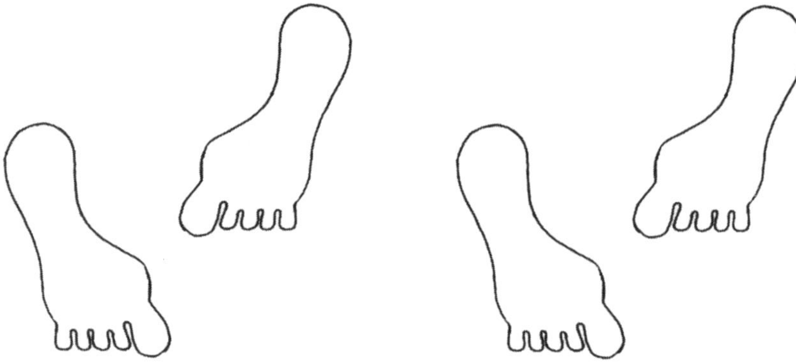

Zeichnung: Anke Schäfer

Fußabdrücke, Kopiervorlage *(Material im Internet, siehe Vorwort)*

Gemeinsam mit den Kindern wird nun der gehörten Geschichte nachgespürt und überlegt, mit welchen Bildern und Symbolen die Geschichte am besten zeichnerisch dargestellt werden kann.

Möglich sind: **Raben – Brot – Fleisch – Wasser**

Die Kinder entscheiden, was sie malen möchten. Die Kinder malen. Das Gemalte wird ausgeschnitten und über die Fußspur geklebt.
(Achtung!: Für jede Geschichte stehen 1,25 m auf der Rolle zur Verfügung.)

9. Sonntag nach Trinitatis: Auf dem Berg Karmel – Gott siegt durch Elia

Die Packpapierrolle wird auf dem Boden ausgebreitet. Das graue Tonpapier wird in kleinere Schnipsel gerissen. Die Schnipsel werden als Berg »Karmel« auf die Packpapierrolle aufgeklebt. (Darauf achten, dass die Fußspuren sichtbar bleiben.) Gemeinsam mit den Kindern wird überlegt, was sonst noch von der Geschichte zeichnerisch auf dem Wandfries erscheinen soll.

Möglich sind: **Altar – Stier – Feuer vom Himmel**

Die Kinder entscheiden, was sie malen möchten. Die Kinder malen. Das Gemalte wird ausgeschnitten und in den Berg »Karmel« geklebt.

10. Sonntag nach Trinitatis: Am Berg Horeb – Elia begegnet Gott

Die Packpapierrolle wird auf dem Boden ausgebreitet. Gemeinsam mit den Kindern wird überlegt, was mit den zur Verfügung gestellten Materialien (Kleister, Quarzsand,

Watte, Federn, rotes/gelbes/orangefarbenes Transparentpapier, schwarzes Tonpapier, graues Krepppapier) von der Geschichte dargestellt werden kann.

Möglich sind: **Wüste – Berg**

Die *Wüste* aus Quarzsand, in der Elia von Gottes Engel (symbolisiert durch die Federn) versorgt wird. Dafür wird die Hälfte der zur Verfügung stehenden Fläche (62,5 cm) mit Kleister bestrichen und dann um die Fußspuren herum mit Quarzsand bestreut und mit Federn beklebt.
In der anderen Hälfte der zur Verfügung stehenden Fläche wird der *Berg* Horeb aus schwarzen Tonpapierschnipseln gestaltet. Um den starken Wind darzustellen, wird das Krepppapier in fransige Streifen gerissen und oben auf den Berg geklebt. Das Erdbeben wird dargestellt, indem größere Tonpapierschnipsel so um den Berg herum geklebt werden, als würden sie von ihm abspringen. Das Feuer entsteht, indem Flammen aus dem Transparentpapier geschnitten und unten auf den Berg geklebt werden. Das sanfte Säuseln wird durch Federn und Watte sichtbar gemacht, die ebenfalls auf den Berg geklebt werden.

11. Sonntag nach Trinitatis: Nabots Weinberg – Elia tritt für Gottes Gerechtigkeit ein

Die Packpapierrolle wird auf dem Boden ausgebreitet. Gemeinsam mit den Kindern wird überlegt, was mit den zur Verfügung stehenden Materialien (braunes/lila/grünes/rotes Tonpapier) zur Geschichte gestaltet werden kann.

Möglich ist: **Weinstock – Weintrauben – Blutstropfen**

Das braune Tonpapier wird in Streifen geschnitten, aus denen ein *Weinstock* geklebt wird. Aus dem lila und grünen Tonpapier werden kleine Kreise ausgeschnitten, die als *Weintrauben* an den Ästen des Weinstocks angeordnet und aufgeklebt werden. Aus dem roten Tonpapier werden Tropfen geschnitten, die als *Blutstropfen* symbolisieren sollen, was Nabot durch König Ahab angetan worden ist. Zugleich zeigen die Blutstropfen auch das Ende Ahabs an. Die Tropfen werden in und um den Weinstock herum geklebt.

Stichworte:
Fußspuren, Fußabdruck mit Bibelvers, Wandfries

Anke Schäfer

So ist das mit dem Himmelreich
Gleichnisse bei Matthäus

07.09.2014
(12. Sonntag nach Trinitatis)
Vom Unkraut
(Matthäus 13,24–30)

14.09.2014
(13. Sonntag nach Trinitatis)
Vom Sauerteig
(Matthäus 13,33)

21.09.2014
(14. Sonntag nach Trinitatis)
Vom Schatz im Acker
(Matthäus 13,44)

Himmelreich – ein kleines Städtchen bei Freiburg im Breisgau heißt so. Himmelreich, das klingt nach Wolkenkuckucksheim. Himmelreich ist im Matthäusevangelium das Gegenteil von Hölle. Das Himmelreich ist da, wo Gottes Herrschaft angebrochen ist. Vor allem ist es kompliziert zu erklären. Deshalb benutzt Jesus – so ist es im Matthäusevangelium überliefert – für die Erklärungen Beispiele aus Natur und Kultur, aus dem Alltagsleben. Weil jeder Vergleich hinkt, bedarf es eben mehrerer Vergleiche, die immer wieder Aspekte von Gottes Reich auf der Erde anschaulich und dadurch im wahrsten Sinne des Wortes begreiflich machen. Wer das Reich Gottes entdeckt, der sieht die Sonne und den Schatten, der sieht, wie Kleinstes riesengroß wird, wie ein Funke Feuer entfacht, der hat den Sinn des Lebens als Schatz für sich entdeckt und – freut sich, denn es ist eine Frohe Botschaft. Entlastung anstatt Erfolgsdruck, Vertrauen auf die himmlische Kraft anstatt Verzagtheit und die Vorfreude auf Gottes Himmel anstatt Angst vor dem Lebensende, das sollen die Kinder in dieser Einheit erfahren können.

Liturgische Gestaltung

Zusammenkommen – sich Gott zuwenden

Votum

Im Namen Gottes, der Himmel	*Arme lobend nach oben ausstrecken und in den Himmel sehen*
und Erde gemacht hat,	*mit ausladend weiter, ausbreitender Geste einladend unten auf dem Boden vor sich weisen*

Im Namen Jesu, der himmlische Geschichten erzählt hat	*Hände lauschend hinter die Ohren*
und weitreichende Dinge getan hat	*Hand über die Brauen und den scheinbaren Horizont beobachten, Ausschau halten*
und im Namen des Heiligen Geistes, durch ihn begreifen wir Gottes Himmelreich	*einander bei der Hand nehmen*
und werden erfüllt mit Freude. Amen.	*gemeinsam einen kleinen Sprung machen, hüpfen*

Feiern – Teilen

Das Gleichnis vom Sauerteig legt nahe, leckeres Brot zu teilen und eine kleine Mahlfeier zu gestalten. Wo reichlich Zeit ist, kann das Gehen eines Hefebrotes selbst miterlebt und beobachtet werden. Wo die Zeit kurz ist, reicht es aus, Vorher-Nachher-Bilder vom Brotbacken zu haben.
Entsprechende Bilder finden sich als pdf-Dateien im *Material im Internet, siehe Vorwort.*

Sendung – Segen

Der einfache Liedruf folgt jeweils selbst formulierten, individuellen Gebetsanliegen, oder er umrahmt das Zehnfingergebet.

Lied »Wir rufen zu Dir: Herr«

Text und Melodie: Oliver Schwarz-Roosmann, © beim Autor und Komponisten

Guter Gott,
Du hast mir fünf Finger an jeder Hand gegeben,
sie zeigen Dir, wofür ich Dir danke und worum ich Dich bitte:
Die Daumen, die nach oben zeigen,
die stehen für alles, was spitze ist. Danke dafür, das ist top.
Die Zeigefinger stehen für alles, was in die richtige Richtung zeigt.
Wir danken für Deine Wegweisung, Du weißt, wo es langgeht. Danke.
Die Mittelfinger sind die allergrößten,
sie stehen für alle Menschen, die uns führen, regieren und leiten.
Gott, pass gut auf, dass alles mit rechten Dingen zugeht in der Politik.
Die Ringfinger stehen für unsere Eltern und Großeltern, Geschwister und Kusinen, für alle uns verwandten in der Nähe und Ferne. Lieber Gott, beschütze die Menschen alle und überall, weil wir zu Deiner Familie in der ganzen weiten Welt gehören.
Die kleinen Finger stehen für alle und alles, das noch wachsen wird, das Kleine, Unscheinbare, Übersehene. Dafür bitten wir Dich ganz besonders.
Nun können wir alle zehn Finger falten und zusammen beten.
Vater unser ... Amen.

Kurzgeschichte

Die Fantasiereise ist als Vorbereitung für die Erzählung vom Schatz im Acker gedacht und spricht die inneren Bilder und Vorstellungen der Kinder an. Sie entdecken ihren persönlichen Schatz oder entspannen ganz einfach. Unterlegt werden kann die Erzählung mit leiser, meditativer Musik. Gibt es das Bedürfnis nach Austausch und Mitteilung über die Entdeckungen, sollte dafür Zeit sein.

Fantasiereise zu (m)einem Schatz
Mach es dir *(auf deinem Stuhl oder wo du gerade sitzt)* bequem *(wir haben Decken auf den Boden gelegt und uns hingelegt)*. Spür mal, ob dir diese Haltung so bequem ist und ändere sie nochmal, falls nötig, bis es dir so ganz bequem ist.
Schließe die Augen. Du spürst, wie du atmest. Du wirst ruhig und entspannst dich. *(Die Musik ist leise, es gibt Zeit, zur Ruhe zu kommen.)*
Stell dir vor, dass eine weiche Wolke langsam herab schwebt. *(Hier kann als »Signal« eine Zimbel erklingen oder eine Klangschale angeschlagen werden.)* Sie hüllt dich ein, warm und weich, und hebt dich langsam vom Boden ab. Sie trägt dich. Die Wolke bringt dich auf eine grüne Blumenwiese. Die Sonne scheint und es duftet nach frischem Gras. Langsam legt dich die Wolke dort zärtlich ab und löst sich auf. Du stellst dich hin und schaust dich um. Durch diese Wiese geht ein Pfad und du machst dich auf den Weg. Du gehst los und spürst den platt getretenen Lehmboden unter deinen Füßen. Am Rand

der Wiese angekommen, führt dich der Pfad in einen Wald. Es wird im Schatten der Bäume etwas kühler und der Boden ist weicher unter deinen Füßen. Es riecht nach Erde und Moos. Neben deinem Weg schlängelt sich ein kleiner Bach. Man kann ihn plätschern und fließen hören.
Der Weg steigt an, du gehst einen Hügel hinauf. Der Weg wird etwas steiniger, du spürst das unter deinen Füßen. Das Laufen wird anstrengender. Der Wald lichtet sich. Du erreichst eine Lichtung. Mitten auf der Lichtung steht eine große Kiste. Was mag das für eine Kiste sein? Wer hat sie dahin gebracht? Du näherst dich und erkennst, dass es eine sehr alte Kiste ist. Sie hat Metallbeschläge und einen gewölbten Deckel. Du siehst, dass es eine Schatzkiste sein muss. Ein dickes Vorhängeschloss verschließt den Deckel. Aber was ist das? Der Schlüssel steckt. Du bist sehr neugierig. Du drehst den Schlüssel herum. Du löst das Schloss und öffnest den Deckel. Er ist genauso schwer, wie er aussieht. Dann fällt dein Blick auf den Inhalt. Das gibt es doch nicht! Damit hast du gar nicht gerechnet. Ein wunderbarer Schatz! Du staunst. Du nimmst dir alle Zeit, die du brauchst, um den Schatz zu betrachten. Wer hätte das gedacht? Nein, mitnehmen kann man das nicht! Aber anderen von der Entdeckung erzählen! Du schließt den Deckel, schließt wieder das Schloss und lässt sogar auch den Schlüssel stecken! Du trittst den Heimweg an. Deine Schritte sind beherzt und rasch. Du erreichst schnell wieder den Wald. Du hörst das Rauschen des Baches und fühlst den Waldboden unter deinen Füßen. Bald bist du hindurch und kommst wieder an der Wiese an. Du gehst den Pfad bis zu der Stelle, wo die Wolke bereits auf dich wartet. Sie umhüllt dich und trägt dich sicher wieder hierher zurück. *(Hier kann als »Signal« wieder eine Zimbel erklingen oder eine Klangschale angeschlagen werden.)*
Wieder hier gelandet, verabschieden wir uns von der Wolke, öffnen die Augen, recken und strecken uns und gähnen ganz laut ...

Kerstin Othmer-Haake

Kreative Ideen

Weil die Kinder der Schatz im Acker der Gemeinden sind ...
Noch weit vor dem oder den Kindergottesdiensten zu diesen Gleichnissen schlage ich vor, die Werbetrommel zu rühren. Umfassende Anregungen und Tipps, wie man an Adressen der Kinder in der Gemeinde kommen kann, bietet ein Buch aus dem Bayerischen Landesverband für Kindergottesdienst: »Da ist doch noch mehr drin, Werben für den Kindergottesdienst & CO«, www.kirche-mit-kindern.de, 2013. Dort ist auch ein Einladungszettel vorgeschlagen, der auf den Schatz im Acker neugierig macht.

12. Sonntag nach Trinitatis

Kleine Legespiel-Szenarien sollen zeigen: Wir brauchen nicht auszusortieren, was stört. Das können wir Gott überlassen.

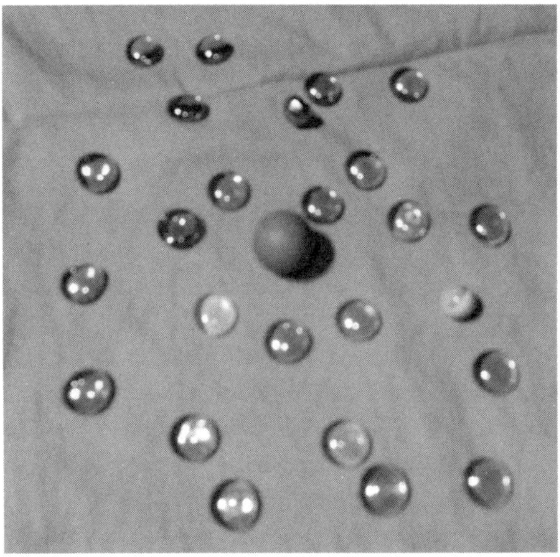

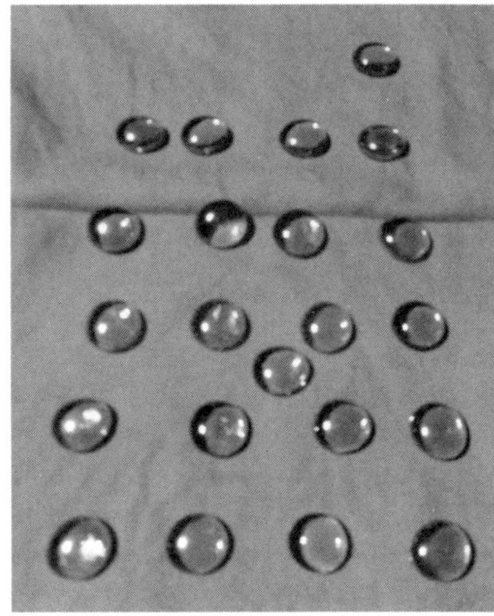

Fotos: Urd Rust

Vor der Erzählung vom Unkraut in der guten Saat legen wir mit unterschiedlichem Legematerial kleine »Szenen« in unsere Mitte. Dazu wird ein Tuch ausgebreitet und Kleinteile einer Größe und Farbe darauf verteilt. Vereinzelt legt man Teile anderer Größe und/ oder Farbe dazwischen. Was stört hier? Oder es werden Kleinteile ordentlich sortiert ausgelegt und einige ungeordnet dazu. Auf die Frage, was hier stört, kann durchaus unterschiedlich geantwortet werden. Vielleicht stört auch gar nichts, damit kann man experimentieren. Auf jeden Fall ist es ein Einstieg in die Frage: Müssen wir eigentlich be- und verurteilen, wer oder was in Gottes neuer Welt stört? Die biblische Geschichte gibt darauf eine himmlische Antwort.

13. Sonntag nach Trinitatis

Beispiele aus der Welt der Kinder sollen zeigen: Gottes Himmel wächst kraftvoll!
Vor der Erzählung des Gleichnisses vom Sauerteig wird gespielt. Dazu werden Memory-Karten vorbereitet. Aus Illustrierten (in Arztpraxen o. Ä. kann man alte Zeitschriften bei Voranmeldung bekommen) werden folgende Motive gesammelt:

- »Kleines«, das groß geworden ist
- etwas, woraus etwas hervorgegangen ist
- etwas, woraus etwas entsteht oder wird.

Hier einige Beispiele:
Ein Baby – ein Erwachsener
Ein kleines Stück Hefeteig – ein aufgegangenes Brot
Ein Pflanzenkeim – eine ausgewachsene Pflanze
Ein gepflügter Acker – ein Kornfeld
Eine dunkle Nacht mit Sternhimmel – ein Tag mit Sonnenschein
Ein blattloser, kahler Zweig – ein Ast, der Blätter und Blüten oder Früchte trägt.

Wer die Möglichkeit hat, kann auch einen Schokokuss in der Mikrowelle explodieren lassen oder Bohnen in einen Joghurtbecher pflanzen. Wenn man die Bohnen ankeimen lässt, sie in einem Joghurtbecher eingipst, begießt und feucht hält, sind sie fähig, den Gips zu sprengen! Die Motive klebt man auf zugeschnittene Tonpapierkarten. Die Karten werden beim Spiel zugeordnet. Das kann nach den Regeln des Memory-Spiels geschehen oder als einfaches Zuordnungs-Legespiel.
An diese kreativen Erfahrungen wird die biblische Geschichte vom Sauerteig anknüpfen können.

14. Sonntag nach Trinitatis

Die himmlische Freude über den Schatz können die Kinder ein wenig nachvollziehen, wenn sie nach der Erzählung ihren eigenen Schatz entdecken.
Für diesen Gottesdienst wird eine Schatzkiste vorbereitet. Verse aus der Bibel werden entweder auf Goldfolie selbst geschrieben oder auf Papier und dann in Goldpapier eingewickelt mit Goldkordel und einem Bonbon in Goldfolie zugebunden (schließlich ist es ein Schatz für Leib und Seele). Wie kleine Knallbonbons oder Glückskekse liegen sie in der Schatzkiste.

Hier einige Beispiele, als Kopiervorlage *(Material im Internet, siehe Vorwort):*

Dein Wort ist meines Fußes Leuchte.	Gott hält seine Hand über dir.
Fürchte dich nicht, ich bin mit dir.	Du bist gesegnet und ein Segen.
Gott ist in den Kleinen mächtig.	Engel behüten dich.
Es bleiben Glaube, Liebe, Hoffnung, die Liebe ist die stärkste.	

Nach der biblischen Erzählung dürfen sich alle bedienen. Die Kinder »entwickeln« ihren »Schatz«, entdecken ihr persönliches Wort Gottes und bekommen es laut vorgelesen oder lesen es selbst.

Stichworte:
Himmelreich, Fantasiereise, Reich Gottes, Unkraut, Schatz, Sauerteig, Werbung

Kerstin Othmer-Haake

Gott sorgt für uns
Vertrauensgeschichten im Alten Testament

28.09.2014
(15. Sonntag nach Trinitatis)
Gott versorgt sein Volk in der Wüste
(2 Mose 16,1–18)

05.10.2014
(16. Sonntag nach Trinitatis)
Dank für Gottes Vorsorge
(5 Mose 26,1–12)

12.10.2014
(17. Sonntag nach Trinitatis)
Eine Frau vertraut auf Gottes Fürsorge
(2 Könige 4,1–7)

Vertrauen, Fürsorge und Dank sind die Themen, die diese drei Geschichten verbinden. In der Mitte dieser Reihe steht das Erntedankfest. Fürsorge und Vertrauen rahmen den Dank ein. Die Geschichten aus dem Alten Testament erzählen von Erfahrungen, die Menschen mit Gott gemacht haben, weil sie vertrauen konnten. Was macht Vertrauen in den einzelnen Geschichten aus?
40 Jahre wanderte das Volk Israel durch die Wüste. Immer wieder wurden die Israeliten von Gott geführt und bewahrt, wenn sie von Gefahren und existentiellen Nöten bedroht waren. Gott handelte, wenn die Menschen aufgeben wollten. Vertrauen wird wieder aufgebaut, indem ganz praktisch für alle gesorgt wird. Gleichzeitig fordert Gott aber auch von den Israeliten etwas, nämlich ein maßvolles Leben!
Im Dank ist auch der Wille zum Teilen eingeschlossen. Wenn etwas von den reichen Gaben abgegeben wird, dann ist das Vertrauen da, dass es weitergeht. So kann das Danken ganz selbstverständlich mit dem Feiern und Fröhlich-sein verbunden werden. Im Festmahl kommt zum Ausdruck, dass wir Gäste an Gottes Tisch sind. Weil wir dankbar und fröhlich sind, können wir auch an die Bedürftigen denken.
Eine Frau ist verschuldet und in großen Nöten, aus welchen Gründen auch immer. Sie ist verzweifelt, hat aber nicht resigniert. Denn sie vertraut Gott. Vor allem aber traut sie Gott viel zu. Und genau das erfährt sie auch, indem Gott ihr so viel gibt, wie sie braucht. Die Frau traut sich, Gott zu vertrauen, und er lässt ihr Leben gut werden.
Vertrauen, *Fürsorge* und *Dank* sind bei uns für ein gelingendes Leben unabdingbar. Dazu gehört auch, dass wir in eine Gemeinschaft eingebunden sind. Dies wollen wir in unseren Gottesdiensten erfahren.

Liturgische Gestaltung

Zusammenkommen – sich Gott zuwenden

Psalmgebet nach Psalm 27

Lied »Gott ist mein Heil«

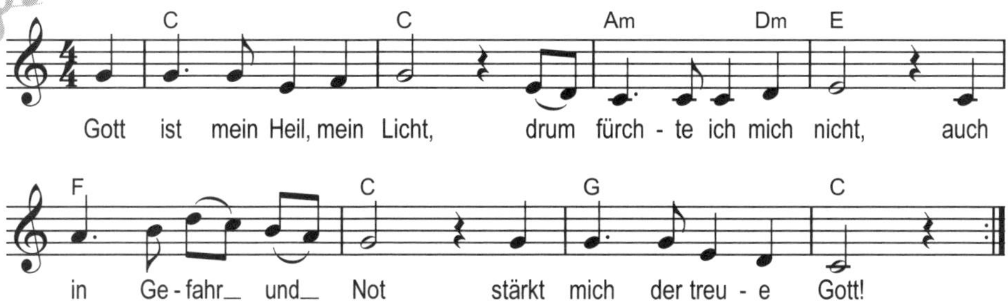

Text und Melodie: Wolfgang Longardt, © beim Autor und Komponisten

Kehrvers:

Eine(r): Gott ist mein Schutz bei Tag und mein Licht bei Nacht.
Ich brauch mich nicht zu fürchten.
Alle: **Kehrvers**
Eine(r): Im Unglück ist mir Gott ganz nah,
wenn mir Menschen etwas Böses wollen, macht er mir Mut.
Alle: **Kehrvers**
Eine(r): Wenn ich nicht mehr weiterweiß,
steht Gott mir bei, er zeigt mir einen Weg.
Alle: **Kehrvers**
Eine(r): Bei Angst und in der Traurigkeit hört Gott mich.
Er lässt mich nicht allein und hilft mir durchzuhalten.
Alle: **Kehrvers**

Sendung – Segen

Menschliche Nähe tut gut und macht uns stark. So erbitten wir Gottes Segen mit Worten und Gesten.

Guter Gott, schenke uns deinen Segen.

Sei bei jedem von uns, wenn wir nun nach Hause gehen.	*Alle fassen sich an den Händen und bilden einen Kreis.*
Lass deinen Segen bei uns sein, wie ein verbindendes Band.	*Jeder legt seine Hände auf die Schultern der Nachbarn.*
Gib uns Mut bei allem, was wir tun.	*Wir drücken die Hände der Nachbarn.*

Amen.

Kurzgeschichte

Fürsorge können wir nur wahrnehmen und annehmen, wenn wir ein Gegenüber haben, das sie uns zuteilwerden lässt. Doch oft wissen wir nicht, wo wir dieses Gegenüber finden. Das Thema der Geschichte passt gut zum 17. Sonntag nach Trinitatis, kann aber auch als Einleitung zur ganzen Einheit dienen.

Wie ist Gott? – Wo ist Gott? – Wie kann er für uns sorgen?

Sabine konnte nicht mehr schlafen. Denn heute war es anders. Es war nicht so wie immer. »Philipp!«, rief sie leise, doch als sie von ihrem Bruder keine Antwort bekam, wurde sie lauter: »Philipp, wach endlich auf!« Endlich schaute Philipp von oben aus dem Hochbett auf sie herunter. Etwas genervt und schlaftrunken fragte der große Bruder: »Was ist denn los, Sabine? Hast du schon wieder Geister gesehen?«

»Nein, aber Mama hat heute Abend gar nicht mit uns über all das gesprochen, was wir erlebt haben. Und gebetet hat sie auch nicht mit uns!«, beklagte sich Sabine. Philipp gähnte: »Hat sie wohl vergessen.«

»Das geht aber nicht!« Sabine war entrüstet. Mama und Papa waren an diesem Abend in ein Konzert gegangen. Wie so oft waren sie spät dran und hatten es eilig gehabt. Philipp schlug seine Bettdecke zurück: »Du kannst zu mir raufkommen und dann rede ich mit dir und beten können wir auch.« Sabine krabbelte schnell aus ihrem Bett, kletterte die Leiter hoch und schlüpfte zu Philipp unter die Decke. Nachdem sie sich ein bisschen über den Tag unterhalten hatten und Philipp auch noch mit ihr gebetet hatte, kuschelte sich die kleine Schwester eng an den großen Bruder. Da sagte sie halblaut, mehr zu sich selbst als zu Philipp: »Ich kann Gott gar nicht sehen. Woher soll ich wissen, dass er wirklich da ist und für uns sorgt?«

Einige Zeit war es mucksmäuschenstill im Zimmer. Dann begann Philipp zu erzählen: »Als ich noch klein war, habe ich das Papa auch mal gefragt. Und weißt du, was er da gemacht hat? – Papa hat mich auf den Arm genommen und ist mit mir zum Fenster gegangen. Los, komm! Wir gehen auch ans Fenster.« Die beiden Kinder kletterten aus dem Bett die Leiter herunter, liefen zum Fenster, zogen die Gardine zur Seite und schauten hinaus. Die große Linde im Garten sah in der Dunkelheit noch viel gewaltiger aus. Die Zweige und die dünneren Äste bewegten sich im Wind. »Ob ich den Wind sehen könne, hat Papa mich damals gefragt. Na klar, wollte ich zuerst sagen. Doch dann habe ich gemerkt, dass das gar nicht der Wind war, was ich sah, sondern nur das, was er machte.« Sabine schaute ihren Bruder etwas verständnislos an. Sie wollte wissen, was denn der Wind mit Gott zu tun habe. Bevor sie fragen konnte, erzählte Philipp weiter: »Weißt du, dass das mit Gott genauso ist? Wir können ihn nicht sehen, obwohl er da ist. Wir können ihn auch nicht hören wie den Wind. Aber wenn wir unsere Augen und Ohren aufmachen, dann entdecken wir überall etwas von ihm.« Eine Weile schauten die Kinder noch aus dem Fenster, dann kletterten sie wieder in das obere Bett. Gerade als Philipp einschlafen wollte, kuschelte sich Sabine an ihn und flüsterte ihm ins Ohr: »Wenn ich bei dir unter der Decke liegen darf, ist das ein bisschen so, als wenn ich mich an Gott kuscheln dürfte.«

Doris Dirwald

Kreative Ideen

15. Sonntag nach Trinitatis

Unser Vertrauen gründet sich auf die Zusage »Ich bin bei euch alle Tage«. Das kann uns doch nur fröhlich stimmen. So singen und tanzen wir ...

»Ich bin bei euch« – Kreistanz

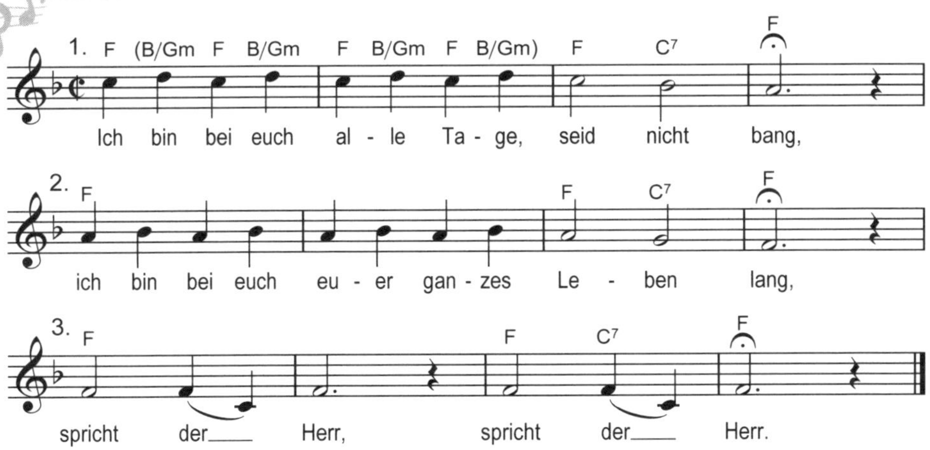

Text und Melodie: Wolfgang Longardt, © beim Autor und Komponisten

Wenn das Lied als Kanon gesungen wird, wird für jede Stimme ein Kreis gebildet. Die Kreise sind konzentrisch. In der Ausgangsposition stehen alle im Kreis und fassen sich an den Händen. Der innere Kreis beginnt.

Ich bin bei euch alle Tage, seid nicht bang.	*8 Schritte nach rechts, die Hände zeigen nach unten*
Ich bin bei euch euer ganzes Leben lang,	*8 Schritte nach links, die Hände zeigen nach unten*
spricht der Herr, spricht der Herr!	*2 Wiegeschritte, die Arme schwingen nach vorn*

16. Sonntag nach Trinitatis/Erntedankfest

Erntedank-Gottesdienst-Frühstück

Zum Feiern gehört vieles: Musik, Dekoration, gutes Essen und Trinken und vor allem Gäste! Die Kinder haben bereits in der vergangenen Woche Einladungen zum Erntedank-Gottesdienst-Frühstück bekommen. Nun nehmen sie an reich gedeckten Tischen Platz. Neben den Lebensmitteln, Besteck und Geschirr liegen noch bunte Karten mit verschiedenen Tischgebeten auf der Festtafel. Eine Kopiervorlage von Tischgebet-Kärtchen findet sich als *Material im Internet, siehe Vorwort*. Wir sprechen über das Danken und über Tischgebete. Dann lassen wir die Kinder erzählen, ob und wann in ihren Familien Tischgebete gesprochen werden.

Es geht dann »etwas anders« weiter: Nicht nach dem Motto »Lieber Gott, hilf mir bei Tisch, dass ich das größte Stück erwisch.« Keine/r nimmt sich selbst etwas von den Leckereien. Jede/r versorgt seine rechte Nachbarin oder seinen Nachbarn mit Speisen. Wichtig: Es darf aber nur so viel auf die Teller gefüllt werden, wie auch gegessen werden kann. Es kann ja noch etwas nachgereicht werden! Anschließend erzählen alle, wie sie sich dabei gefühlt haben und wie es ihnen ergangen ist.

Zeichnung: Doris Westheuser, aus: Ingrid Ryssel (Hg.): Religion – spielen und erzählen: Kinder begleiten in Schule und Gemeinde, Bd. 2, Gütersloher Verlagshaus, Gütersloh 1995, © bei der Künstlerin.

Wenn ich mich mit anderen Menschen zum Essen an einen Tisch setze, habe ich Vertrauen zu ihnen. (In früheren Zeiten war dies *über*lebenswichtig.) Auf dem Bild geht es noch einen Schritt weiter. Denn hier können wir wirklich von »blindem Vertrauen« sprechen. Was fällt uns zu dem Bild ein, wenn wir auch an das Erntedank-Gottesdienst-Frühstück denken?

17. Sonntag nach Trinitatis

Blindes Vertrauen

Die Frau vertraute Gott »blind«. Deshalb resignierte sie nicht und konnte so beharrlich sein.

Zeichnung: Doris Westheuser, aus: Ingrid Ryssel (Hg.): Religion – spielen und erzählen: Kinder begleiten in Schule und Gemeinde, Bd. 2, Gütersloher Verlagshaus, Gütersloh 1995, © bei der Künstlerin.

Wenn wir wirklich jemandem vertrauen, dann können wir uns ihm »blindlings« anvertrauen. Ein solches Vertrauen darf aber nicht enttäuscht werden! Dies ist auch die wichtigste »Spielregel« bei Vertrauensspielen.

Material:
Tücher zum Verbinden der Augen
evtl. kleinere »Hindernisse« (Bausteine, Töpfe, Kartons, ...)

Es ist ein Hindernis-Parcours aufgebaut, der jeweils von zwei Kindern, einem *Sehenden* und einem *Blinden*, begangen wird. Die Kinder entscheiden selbst, mit wem sie diese Aufgabe lösen wollen. Wer schafft es fehlerlos? Falls ausreichend Raum zur Verfügung steht, kann auch eine *blinde Schlange* gebildet werden. Hier kann lediglich der *Schlangenkopf* sehen. Alle anderen Kinder haben verbundene Augen. Dazu ist es wichtig, dass es ruhig im Raum ist, damit auch das *Schwanzende* hören kann, was der *Kopf* für Anweisungen gibt.

Stichworte:
Dank, Dankbarkeit, Fürsorge, Vertrauen, Wüste

Doris Dirwald

Gott will mit uns die Erde verwandeln – verantwortlich leben

19.10.2014
(18. Sonntag nach Trinitatis)
Hildegard von Bingen –
mit Gottes Augen sehen

26.10.2014
(19. Sonntag nach Trinitatis)
Dietrich Bonhoeffer –
hören, wenn jemand um Hilfe ruft

31.10./02.11.2014
(Reformationstag/20. Sonntag nach Trinitatis)
Desmond Tutu –
die Hände zur Versöhnung reichen

Diese thematische Einheit nimmt Lebensbilder von Frauen und Männern in den Blick, die in der Nachfolge Jesu Christi leben und arbeiten wollten. Ihr Leben ist ein Zeugnis von ihrem Dienst und der Verantwortung, die sie herausragend übernommen und gestaltet haben.
Schwerpunkt der vorgeschlagenen Bausteine ist das Leben und Wirken der Hildegard von Bingen. Hildegard, Ordensschwester und Äbtissin, wurde im Jahr 2012 in Rom heiliggesprochen und zur Kirchenlehrerin erhoben. Mit Ihrem Leben und Wirken und mit ihrer ganzheitlichen Betrachtung der Schöpfung ist Hildegard von Bingen auch für uns ein Vorbild. Eine Frau des Mittelalters, gefangen in den gesellschaftlichen und kirchlichen Zusammenhängen ihrer Zeit, setzte sie sich mutig über Grenzen und Mauern hinweg. Ihre Einsichten zur Schöpfung, zur Heilkunde, zu den Schöpfergaben, zu Heilkräutern und Zusammenhängen in der Natur wirken seit Jahrhunderten weiter.
Hildegard von Bingen, die Ordensfrau, die Mystikerin, die Naturheilkundlerin, die Prophetin und mutige Kirchenfrau, lädt Kinder und Erwachsene ein, die Welt mit den liebevollen Augen Gottes zu betrachten und aus der christlichen Verantwortung und in der Nachfolge Jesu mutige Schritte zu gehen.
Die liturgischen Elemente nehmen diesen Gedanken auf und wollen kleine und große Menschen feiernd zur inneren Einstellung von Schöpfungsverantwortung führen. Das kurze Lebensbild, die meditative Übung und die praktischen Ideen sind kleine Übungen, Menschen mit Liebe und Achtung zu begegnen und sich einzusetzen für eine Welt, in der Gottes Schöpfungsordnung geachtet und bewahrt wird – zum Wohl der Menschen und zur Ehre Gottes.

Liturgische Gestaltung

Zusammenkommen – sich Gott zuwenden

Votum

Die liturgischen Bausteine können für die ganze Reihe verwendet werden. Es beginnt mit drei Anschlägen an die Klangschale und dem Anzünden der Kindergottesdienstkerze.

Wir sind zusammen im Namen Gottes, der die Welt und auch uns Menschen geschaffen hat,
im Namen Jesu Christi, der Gottes Liebe in die Welt bringt,
und im Namen des heiligen Geistes, der uns hilft einander zu verstehen. Amen.

Eingangsgebet mit Liedruf

Wir sitzen im Kreis um eine gestaltete Mitte (Kerzen/Kreuz/Blumen/Kräuter)

Liedruf: »Gib uns Ohren, die hören und Augen, die sehn und ein weites Herz andre zu verstehn, Gott, gib uns Mut unsre Wege zu gehn« unterbrochen.
aus: MKL 2, 38 oder KiKiHits 3

Eine(r): Guter Gott,
Du hast uns Deine Welt geschenkt,
die Tiere und die Pflanzen
und Du hast uns Menschen das Leben geschenkt,
damit wir auf Deine Erde achten, sie bebauen und bewahren.
Dafür danken wir Dir und bitten Dich:

Alle: **Gib uns Ohren, die hören ...**

Eine(r): Ewiger Gott,
Du kennst uns Menschen, Du kennst alle Völker der Erde.
Viele Menschen leiden unter Ungerechtigkeit, Hass und Krieg.
Du willst, dass wir alle im Frieden miteinander leben
und die Güter der Erde gerecht verteilen,
so dass alle bekommen, was sie brauchen.
Wir bitten Dich um Kraft und Weisheit.

Alle: **Gib uns Ohren, die hören ...**

Eine(r): Barmherziger Gott,
manchmal sehen wir den Weg nicht, der gut für uns ist,
oft sind wir ängstlich und wagen es nicht,
uns für Dich und andere Menschen einzusetzen.
Darum bitten wir Dich um Verzeihung
und um den Mut für einen neuen Anfang.

Alle stehen auf und lassen sich von dem Lied in Bewegung setzen:

Gib uns Ohren, die hören	*Hände an die Ohren halten*
und Augen, die sehn	*Hände ausschauend über die Augenbrauen legen*
und ein weites Herz	*Arme ausbreiten*
andre zu verstehn,	*beide Hände aufs Herz legen*
Gott, gib uns Mut unsre Wege zu gehn	*einander an den Händen fassen und gemeinsam die Hände auf Brusthöhe halten, dabei Schritte im Kreis gemeinsam gehen*

Segen

Wie die Sonne, die jeden Morgen neu aufgeht, dich wärmt und erleuchtet, so sei Gottes Segen mit dir auf all deinen Wegen. Amen.

Lieder

Zur ganzen Reihe passen folgende Lieder:
Gott gab uns Atem, damit wir leben (MKL I 73)
Bewahre uns Gott, behüte uns Gott (EG 171)
Viele kleine Leute an vielen kleinen Orten (DKG 215)
Halte zu mir, guter Gott (DKG 8)
Da berühren sich Himmel und Erde (MKL II 132)

Kurzgeschichte

Die folgende Kurzgeschichte (Lebensbild) erzählt die vielen besonderen Fähigkeiten von Hildegard. Den Kindern soll dabei vor allem auch ihre Sicht von Natur und Naturmedizin, die bis heute hochaktuell sind, nahegebracht werden. Weitere Lebensbilder zu Dietrich Bonhoeffer und Desmond Tutu siehe Material im Internet, siehe Vorwort. Die Lebensbilder können auch in Bilderrahmen präsentiert werden.

Die heilige Hildegard von Bingen
Hildegard kam im Jahr 1098 in Rheinhessen zur Welt, das ist nun schon fast 1000 Jahre her. Sie war das zehnte Kind in ihrer Familie und wurde als junges Mädchen ins Kloster geschickt. Dort lebte Hildegard als Nonne und später leitete sie das Kloster auf dem

Rupertsberg bei Bingen als Äbtissin. Hildegard war eine kluge Ordensfrau, aber auch Künstlerin, Wissenschaftlerin, Musikerin, Dichterin und beinahe eine Ärztin, die sich gut mit Kräutern und Medizin auskannte.
In ihrem Kloster gab es einen Kräutergarten und auch eine Art Apotheke. Dort studierte und probierte die Nonne mit großer Mühe und Geduld aus, welche Pflanzen kranken Menschen helfen könnten. Die Regale von Hildegards Apotheke waren gefüllt mit Büchsen, Gläsern und Beuteln, in denen sie getrocknete Blumen, Kräuter, Holzrinde und Ähnliches aufbewahrte. Um aus den gesammelten Pflanzen Medizin zu machen, brauchte Hildegard vor allem: einen Mörser, eine Waage und eine kleine Feuerstelle. Der Mörser ist ein kleiner Topf aus Stein, zu dem ein kurzer Stampfstößel gehört. Damit werden die getrockneten Pflanzen und Beeren zerstampft und zu feinem Pulver zerrieben.
Danach wog Schwester Hildegard auf ihrer Apothekerwaage das Pulver ganz genau ab. Manche zerriebenen Kräuter wurden auf der Feuerstelle mit Brunnenwasser aufgekocht, dazu kam etwas Honig oder Salz und so wurde daraus ein süßer oder bitterer Trank. Die anderen Kräuter wurden zu Brei verarbeitet, aus dem sie Tabletten formte.
Hildegard schrieb auf, was ihre Medizin bei den Kranken bewirkte. Welcher Kräutertee hilft bei Husten und Fieber? Was wirkt gut gegen Hals- oder Bauchschmerzen? Welche Salbe lindert eine Entzündung?
Da sich Hildegard gut in der Natur auskannte, hat sie in ihren Büchern über 500 Pflanzen, Tiere, Edelsteine und Metalle beschrieben und erklärt.
Und auch heute, viele hundert Jahre nach dem Tod der heiligen Hildegard, benutzen Ärztinnen und Apotheker ihre schlauen Bücher und lesen nach, wie Menschen all die guten Kräfte nutzen können, die Gott uns in seiner Natur geschenkt hat.
In Hildegards Büchern sind nicht einfach nur Rezepte gesammelt, sondern aus dem, was die Ordensschwester aufgeschrieben hat, wird ihre große Liebe zu Gottes Schöpfung deutlich und aus dieser Liebe heraus werden Tiere und Pflanzen, Wasser und Luft und auch die Menschen mit viel Achtung betrachtet.
Heute wird Schwester Hildegard als Heilige verehrt und als Kirchenlehrerin geachtet und geschätzt.

Christine Wolf

Kreative Ideen

Meditation und Stille waren wichtige Elemente von Hildegards Frömmigkeit. Dies können die Kinder in einer Stilleübung und Bildbetrachtung nacherleben.

Stilleübung: Gott nahekommen in der Stille
Hildegard hat sich viele Gedanken über Gott gemacht. Sie hat erfahren, dass wir Gott nicht mit unseren Augen sehen können, aber sehr wohl unsere inneren Augen für ihn

öffnen können. Im Kloster hatte sie Zeit, ihre inneren Augen zu öffnen und Gott zu suchen. Stille und Meditation haben ihr dabei geholfen. In solchen Zeiten der Stille und den Tagen des Schweigens wird kein unnötiges Wort gesprochen. So suchen die Schwestern Gott in der Stille nahezukommen.
Dies wollen wir nun auch probieren.
Wir stimmen uns mit dem Lied »Zeit für Ruhe, Zeit für Stille« darauf ein.

Lied »Zeit für Ruhe«

Text: Gerhard Krombusch, © beim Autor
Melodie: Ludger Edelkötter, © KiMu Kinder Musik Verlag GmbH, Pulheim
Aus: IMP 1036 »Weil du mich so magst«, IMP 1037 »Komm mit zur Quelle«

2. Viele Laute sind ganz leise, singen alle ihre Weise.
Leise Laute sind so schön, dürfen nicht verloren gehn.

3. Zeit für Ruhe, Zeit für Stille, Atem holen und nicht hetzen,
unser Schweigen nicht verletzen. Lasst uns in die Stille hören.

Die Kinder sitzen im Stuhlkreis oder in den Kirchenbänken, in der Mitte eine brennende Kerze, der/die anleitende MitarbeiterIn hält eine Klangschale oder eine Triangel bereit. Es beginnt mit dem Anschlagen der Klangschale oder einer Triangel.
Setzt euch auf einen Stuhl (eine Bank, einen Hocker). Setzt euch aufrecht vorne an die Stuhlkante. Der Rücken ist gerade. Die Hände liegen offen auf den Oberschenkeln. Die Handflächen zeigen nach oben. Die Füße stehen auf dem Fußboden. Spürt den Boden unter euren Füßen, er trägt euch. Wer mag, kann jetzt die Augen schließen. Ihr könnt aber auch auf die Kerze in der Mitte schauen. Achtet auf euren Atem, wie er kommt – bis tief in den Bauch hinein – und wie er geht. Achtet auf euren Atem. Durch die Nase atmet ihr ein. Durch den Mund könnt ihr ausatmen. Atmet ein, atmet aus. Wenn ihr ganz leer seid, dann ist es einen kurzen Augenblick ganz still in euch und um euch herum. Wer will, kann beim Atmen in sich drin sagen: Gott, Du bist ein Gott, den ich suche. Lasst uns jetzt mal eine kleine Weile so atmen und still werden. Wenn ihr die Trinangel/Klangschale hört, könnt ihr euch wieder regen, räkeln und strecken und hier im Raum mit den anderen ankommen.

Bildbetrachtung »Hildegard, die Seherin und Prophetin«

Hildegard hatte eine wunderbare und höchst seltene Art des Sehens und Schauens. »Ich sehe die Dinge nicht mit den äußeren Augen, höre sie nicht mit den äußeren Ohren ... Ich sehe sie vielmehr einzig in meiner Seele, mit offenen leiblichen Augen« – So hat Hildegard auch das Bild »gesehen« und später aufgezeichnet.

Kunstkarte Scivias – Wisse die Wege – Rupertsberger Kodex um 1180. Zu finden unter http://www.frauenseelsorge-muenchen.de/fileadmin/Dateien/pdf/Hildegard_von_Bingen.pdf

Schaut euch das Bild einen Augenblick an, was seht ihr? Was siehst du?
Kinder äußern ihre Gedanken und Einfälle
Auf dem Bild sehen wir einen Menschen. Er ist umgeben von zwei Kreisen. Es sind zwei verschiedene Kreise mit unterschiedlichen Farben. Ein Kreis leuchtet goldgelb. Er ist wie Feuer, hell und warm. Manchmal kann Feuer aber auch gefährlich heiß werden. Wer zu nah herangeht, kann sich verbrennen. Der große Kreis außen herum ist weiß und silbrig. Auch er umfließt den Menschen. Wir könnten auch sagen, dieser Kreis schützt die Menschengestalt vor der Hitze des feurigen Kreises. Beide Kreise zeigen etwas von Gott.
Ihr kennt alle die Sonne. Vielleicht ist es mit Gott wie mit der Sonne. Die Sonne geht am Morgen auf und macht es hell und warm bei uns. Blumen und Bäume, Tiere und Menschen können leben, weil sie da ist. Ohne Sonne gäbe es kein Leben. Das ist der äußere Kreis, der auch den Menschen umfließt. Gott ist wie die Sonne. Er durchdringt alles. Er trägt uns, damit wir uns nicht im Blau des Himmels, des Weltalls verlieren. Die Sonne macht uns lebendig. Aber direkt hineinzuschauen tut uns nicht gut. So ist es wohl auch mit Gott. Wir können ihn nie ganz begreifen. Immer wird da ein Geheimnis bleiben. Es gibt eine Seite von Gott, die wird für uns verborgen bleiben. Das zeigt der innere Kreis. Er soll wie ein inneres Feuer brennen, das wir nicht so leicht erkennen.

Anregung:
Das Bild nachmalen oder eine Kopie ausmalen mit eigenen Farbideen. Kopiervorlage für Ausmalbild *(Material im Internet, siehe Vorwort)*

Die kreativen Angebote rund um Kräuter und Blüten lassen die Kinder in Hildegards Fußspuren treten und laden dazu ein, im Garten, im Wald und auf der Wiese sammeln zu gehen.

Kräuterbeutel

Material:
Stoff, Schnur, getrocknete Kräuter/Blumen: Lavendel, Rosen, Kamille, Pfefferminze ...

Anleitung:
Aus dem Stoff wird ein Quadrat (10 x 10 cm) ausgeschnitten. In das Stoffteil werden getrocknete wohlriechende Kräuter wie Lavendel, Rosen, Kamille, Minze ... gegeben. Mit einem Stück Schnur/Garn/Lederband wird das Beutelchen zusammengebunden. So entsteht ein Duft-/Kräuterbeutelchen zum Verschenken oder um die Wäsche zu beduften.

Zeichnung: Urd Rust

Kräutercreme

Bienenwachswaben und Olivenöl werden in einem Topf erwärmt. Dann werden dazu wohlriechende Kräuter wie Ringelblume, Lavendel, Rosmarin gegeben. Die Masse muss nun einige Zeit ziehen und sich abkühlen. Dann wird das Ganze durch ein dünnes Haarsieb gedrückt. Die selbstgemachte Creme enthält angenehme Kräuterdüfte.

Duftbilder

Material:
abgelaufene getrocknete Gewürze, selbstgesammelte Kräuter und Blüten wie Lavendel, Minze, Kamille, Ringelblumen, Rosmarin, festes Papier oder ein einfacher Keilrahmen, Pigmentfarbe, Vogelsand, Kleister

Anleitung:
Ein festes Papier oder ein Keilrahmen wird mit Kleister und Sand bestrichen. Dann werden die getrockneten Kräuter/Blüten mit Hilfe von Pigmentfarbe auf das Bild aufgetragen.

Kräutertee

Kräuter, die im Garten und im Wald zu finden sind, wie Kamille, Thymian, Löwenzahn, Brennessel, Minze werden getrocknet und dann mit kochendem Wasser zu einem leckeren Tee aufgebrüht.

Foto: Urd Rust

Nervenkekse nach Hildegard von Bingen

Zutaten: 1 kg frischgemahlenes Dinkelmehl, 500 g Butter, 200 g Honig oder 400 g brauner Zucker, 4 Eier, 30 g Muskatnusspulver, 30 g Zimtpulver, 5 g Nelkenpulver, 300 g geriebene Mandeln, 1 Prise Salz, 2 Päck. Backpulver

Aus den Zutaten einen Mürbteig herstellen und diesen kühl stellen. Dann den Teig ausrollen und mit Ausstecherformen ausstechen. Im vorgeheizten Backofen werden die Kekse bei 200 Grad ca. 12–15 Minuten gebacken.

Foto: Urd Rust

Duft- und Kräuter-Memory

Kräuter, die im Garten und im Wald zu finden sind (Kamille, Minze, Brennnessel, Minze, Lavendel ...) werden getrocknet und in kleine Filmdosen oder kleine Gläser gefüllt. Parallel dazu werden Bilder/Fotos der Kräuter hergestellt/ausgedruckt. In einer Art »Duft-/Kräuter-Memory haben die Kinder nun die Aufgabe, an den Kräutern zu riechen und die zu erratenden Kräuter einem Bild zuzuordnen.

Stichworte:
Hildegard, Gott schauen, Kräuter, Schöpfung, Stille, Bilder, Visionen, Kloster

Christine Wolf

Wenn uns Unbegreifliches zustößt

09.11.2014
(Drittletzter Sonntag im Kirchenjahr)
Nicht immer ist jemand schuld – Der Turm von Siloah
(Lukas 13,4–5)

16.11.2014
(Vorletzter Sonntag im Kirchenjahr)
Schau nicht zurück, sondern nach vorn – Lots Frau
(1 Mose 19,1–29 bes. V16ff)

23.11.2014
(Ewigkeitssonntag/letzter Sonntag des Kirchenjahres)
Auf Gott hoffen und das Gute sehen
(Psalm 71 i. A.)

Nicht alles haben wir Menschen in der Hand. Vertrauen auf Gott und Hingabe an den Willen Gottes sind uns Menschen manchmal nicht möglich, wenn ein Mensch stirbt oder sich ein Unglück ereignet. Die alt- und neutestamentlichen Texte für die drei letzten Sonntage im Kirchenjahr erzählen von den dunklen Seiten Gottes. Dass Gott eine Stadt wie Sodom zerstört, dass ein an Gott glaubender Mensch wie Lot seine Töchter anstelle der Gottesboten dem Mob opfern will (1 Mose 19,1–29. bes. 16ff), dass ein Turm einfach so umfällt und unschuldige Menschen unter sich begräbt (Lukas 13,4–5), dass Gott uns Menschen »viel und große Angst« erfahren lässt (Psalm 71,20), ist auch für Erwachsene schwer zu verstehen. Dies Kindern und Erwachsenen dennoch dosiert seelsorglich zuzumuten, bewahrt vor theologischer Engführung und entspricht vielleicht sogar der Lebenswelt des einen oder anderen Kindes im Kindergottesdienst. In Gebeten, der Kurzgeschichte und kreativen Ideen werden die drei Texte aufgefächert und weiter entfaltet. Und damit auch ihre tröstliche Botschaft: Nämlich, dass Gott uns Menschen in guten und schweren Tagen begleitet, unsere Trauer mit uns teilt und sich mit uns über unser Glück freut.

Liturgische Gestaltung

Zusammenkommen – sich Gott zuwenden

Psalmgebet zu Psalm 71

An drei Stellen dieser elementarisierten Fassung von Psalm 71 *wird ein bereits in der Gruppe bekannter Gebetsruf gesungen. Alternativ kann auch folgender Gebetsruf für (inneren) Frieden eingeübt werden und an diesen drei Stellen gesungen werden: EG 436, Herr, gib uns Deinen Frieden.*

Gebetsruf

Hilf mir heraus,
Gott, Dir vertraue ich mich an.
Lass mich nicht Schaden nehmen
an dem, was mir widerfährt.
Lass mich Deine Liebe spüren
und hilf mir heraus.
Lass mich fühlen, dass Du mich hörst
und mir helfen wirst.
Halte meinem Kummer und meinen Tränen stand,
ich möchte mich an Dich lehnen
und Halt finden.

Gebetsruf

Du hast versprochen, dass Du mir helfen willst.
mir nahe sein willst, mich halten willst.
Darum setze ich meine Hoffnung auf Dich, Gott.
Deine Liebe umspannt den Erdkreis,
Du rufst die Menschenkinder ins Leben.
Du hältst und trägst sie –
selbst durch den Tod.
Zu unbegreiflich ist, was Du tust.
Du lässt mich erfahren viel und große Angst
und rufst mich wieder zurück ins Leben.
Du holst mich heraus aus der Tiefe
und richtest mich auf
und tröstest mich wieder.

Gebetsruf

Klaus Bastian

Aus: Erhard Domey, Hanne Köhler (Hg.): der Gottesdienst. Liturgische Texte in gerechter Sprache, Band 3: Die Psalmen, S. 302.

Erzählgebete

Texte und Vorbereitung von Erzählgebeten mit Steinen und/oder Teelichtern auf einem liegenden Kreuz aus dunklen Stoffbahnen mit sich anschließendem Vaterunser liegen auch als Datei vor *(Material im Internet, siehe Vorwort)*.

Kurzgeschichte

Die Kinder können in der Geschichte die Gefühle der vom Thema Betroffenen empathisch nachempfinden, so dass die Erzählung als emotionale Einführung dienen kann.

Eva hüpft heute in die Schule, sie strahlt und lacht. Es ist Frühling. Sie geht in die zweite Klasse. Ihre Freundinnen auf dem Schulhof wundern sich. »Ist was passiert?«, »Hast du vielleicht heute Geburtstag?«, fragen sie. »Nein,« strahlt Eva, »was viel Besseres, passt auf!« Und sie flüstert erst der ersten, dann der zweiten Freundin etwas ins Ohr. »Ooh!«, sagen die und: »Echt?« »Ja!«, sagt Eva, »Echt wahr!«, sie lacht schon wieder. »Was ist denn mit dir los?«, fragt sie die Lehrerin, als sie in den Klassenraum hopst. Eva lacht immer noch. Und dann wird sie ernst. »Wir bekommen nämlich ein Baby«, vertraut sie der Klassenlehrerin an. »Ach, wie schön!«, freut sich die Lehrerin. Und fast alle in der Klasse schauen rüber zu Eva, wie sie sich so mit der Lehrerin unterhält. »Eine Schwester oder einen Bruder also für dich! Wann ist es denn soweit?« »Im Winter schon!«, sagt Eva. Und sie freut sich.
Ein paar Wochen später kommt Eva wieder morgens in die Schule. Es ist Sommer geworden. Nein, sie hüpft nicht, sie schleicht in die Schule. Ihre Augen sehen traurig aus. »Was ist denn mit dir los?«, fragen die Freundinnen. »Ist was passiert?« »Ja.«, murmelt Eva leise. »Sag doch, uns kannst du es doch erzählen.«, sagen die Freundinnen. Und Eva flüstert den beiden etwas ins Ohr. »Ooch, Mann!«, sagt die eine und die andere ruft: »Waas?« Eva nickt traurig. Es ist wahr. Im Klassenraum geht sie gleich zur Lehrerin und erzählt ihr, was passiert ist. Unter vier Augen! Die Lehrerin schaut ernst und traurig. »Das tut mir sehr leid.« Sagt sie leise und freundlich zu Eva. Denn Eva hat ihr gerade gesagt, dass das Baby gestorben ist. Es ist viel zu früh auf die Welt gekommen. Gestern am 12. Juni war das, mitten im Sommer, dabei hätte es doch erst im Winter auf die Welt kommen sollen ... Eva weint und den ganzen Tag über muss sie es immer wieder allen erzählen: dem Musiklehrer in der Schule, der Ballettlehrerin in der Ballettschule, dem Opa, der sie dort abholt. Und abends sprechen sie noch einmal alle in der Familie darüber – der Opa und Papa und Eva. Heute Abend sitzt nur ihr Papa am Abendbrottisch, denn Mama muss sich noch ein bisschen ausruhen, sagt er. Opa räumt die Küche auf. Papa ist auch traurig. Das sieht Eva. Die beiden setzen sich aufs Sofa und kuscheln ein bisschen. Eva muss wieder weinen, und Papa weint auch.
Der Sommer geht ins Land. Eva hatte schöne Sommerferien. Jetzt kommt sie ins dritte Schuljahr. Es ist aufregend, sie hat eine neue Klassenlehrerin bekommen. Am Anfang traut sich Eva nicht, sich zu melden, aber bald findet sie auch die neue Lehrerin nett und arbeitet gerne in der Schule mit. Eva hat mittlerweile noch eine dritte Freundin, die neu in ihre Klasse gekommen ist. Und ganz neu ist auch, dass sie in der Musikschule Flötenunterricht bekommt. Es macht ihr viel Spaß, Flöte zu spielen. Es wird Herbst, und es wird Winter, und dann kommt auch schon wieder der nächste Frühling. Eva ist ganz schön gewachsen in letzter Zeit und braucht wieder neue Kleider. Und noch jemand braucht neue Kleider: Mama ist wieder schwanger. Eva hat es gar nicht so richtig mit-

bekommen. Im Sommer ist es schon so weit. Eva freut sich. Gleichzeitig hat sie auch ein bisschen Angst. Sie hofft ganz stark, dass dieses Baby im Bauch der Mutter gut wachsen und leben kann. Und dann ist es so weit. Heute geht Eva in die Schule, sie hüpft und strahlt. Es ist schon wieder Sommer geworden. Ihre Freundinnen auf dem Schulhof wundern sich. »Ist was passiert?«, fragen sie »Ja!«, strahlt Eva, »Etwas Tolles! Passt auf!« Und sie flüstert erst der ersten, dann der zweiten, und dann der dritten Freundin etwas ins Ohr. »Ooh!«, sagen die und »Echt?« »Ja!«, sagt Eva, »Echt wahr!« Und lacht schon wieder. »Was ist denn mit dir los?«, fragt die Lehrerin, als Eva in den Klassenraum kommt. Eva lacht immer noch. Und dann wird sie ernst. »Meine Mutter hat gestern ein Baby bekommen. David! Er ist mein Bruder. Und Papa, Mama und ich freuen uns sehr. Der ist so süß!«, vertraut sie der Klassenlehrerin an. »Ach, wie schön!«, freut sich die Lehrerin. Und fast alle in der Klasse schauen rüber zu Eva. Und die lacht und freut sich einfach weiter. Sie erzählt: »Er ist gestern zur Welt gekommen. Sein Geburtstag ist der 12. Juni. Das wird immer ein ganz besonders schöner Tag in unserer Familie sein, haben meine Eltern gesagt.« Und dann sagt Eva noch so leise, dass nur ihre Freundinnen es hören können: »An diesem Tag ist doch letztes Jahr unser erstes Baby gestorben.«

Julia Neuschwander

Kreative Ideen

Drittletzter Sonntag im Kirchenjahr

Jenga-Spiel

Jenga ist ein Turmbau-Spiel aus Bauklötzen (http://de.wikipedia.org/wiki/Jenga)

Wie ist das, wenn mir etwas gelingt?
Wie ist das, wenn meine Bemühungen das Vorhaben zum Einstürzen bringen? Wie ist das, wenn ich Gelingen und Misslingen nicht in der Hand habe?
Wie ist das, wenn mir etwas misslingt, ohne dass ich »schuld« bin?
Wenn Gelingen und Misslingen nicht in meiner Hand liegen?
»Ist etwa ein Unheil in der Stadt, das der HERR nicht tut?« (Amos 3,6b). Zu alttestamentlichen Zeiten glaubten die Menschen fest daran, dass ALLES aus Gottes Hand kommt. Heil und Unheil, Gutes und Schlechtes, Schönes und Trauriges. Spannung, Hoffnung, Frust und Verzweiflung: Rund um die Geschichte vom herabstürzenden Turm (Lukas 13,4–5) spielen die Kinder »Jenga« und sprechen in einem sensibel geleiteten Gespräch mit den KiGoDi-Mitarbeitenden über ihre Gefühle.

Zwiebeln schneiden
Mit den Kindern schneiden die Mitarbeitenden Zwiebeln und lassen es zu, dass allen Tränen in die Augen kommen. Das ist lustig. Sie sprechen im Anschluss mit den Kindern über diese neue Heulerfahrung: Manche Menschen können nicht weinen, wenn etwas Trauriges passiert ist. Es täte ihnen gut, wenn Tränen fließen, aber ihre Augen bleiben trocken. Manche Menschen haben sich sogar geschämt öffentlich zu weinen. Nach dem zweiten Weltkrieg haben daher einige Menschen – so erzählt Günter Grass in der »Blechtrommel« (1979) – im Gasthaus »Zwiebelkeller« sich zum Zwiebelschneiden verabredet. Vielleicht, damit sie weinen konnten, ohne dass jemand gemerkt hat, dass sie eigentlich ganz nebenbei auch um ihre Verstorbenen weinen ...

Tränenbrot backen und teilen *(ist an allen Sonntagen möglich)*
Wie im 80. Psalm beschrieben, ist es in manchen Regionen üblich, das sich an eine Beerdigung anschließende gemeinsame Kaffeetrinken als »Tränenbrot« zu bezeichnen: »Du speisest sie mit Tränenbrot ... und tränkest sie mit einem großen Krug voller Tränen.« (Psalm 80,6). Wie ist es, wenn jemand stirbt? Die Kinder sprechen mit den KiGoDi-Mitarbeitenden darüber und backen im Anschluss ihr eigenes Tränenbrot. Dazu kann ein Hefeteig verwendet werden oder auch ein Quark-Öl-Teig (Rezept siehe unten). Das Tränenbrot – evtl. in Tränenform – wird noch frisch als Agapemahl miteinander geteilt, dazu wird ganz leicht gesalzenes Wasser aus einem Krug ausgeschenkt und aus sehr kleinen Tassen symbolisch genippt.

Quark-Ölteig Grundrezept

Zutaten:
125 g Magerquark, 4 EL Milch, 1 Ei, 4 EL neutrales Speiseöl, 250 g Mehl, 75 g Zucker, 1 Prise Salz, 1 Päck. Backpulver

Die angegebenen Zutaten kurz miteinander verkneten. Der Teig darf nicht zu lange bearbeitet werden, weil er sonst klebt. Am besten arbeitet man mit gut bemehlten Händen weiter und formt so das Brot.

Eine Anleitung mit Film findet man unter http://www.essen-und-trinken.de/backschule/135139/quark-oelteig-grundrezept.html

Stichworte:
Tod, Trauer, Tränen, Unglück, Gottes Wille, Licht, Hoffnung, Gemeinschaft

Julia Neuschwander

Erzähl mir mehr vom Morgenstern

30.11.2014
(1. Advent)
Ich bin der helle Morgenstern
(Offenbarung 22,16)

07.12.2014
(2. Advent)
Es wird ein Stern aus Jakob aufgehen
(4 Mose 24,17)

14.12.2014
(3. Advent)
Das aufgehende Licht aus der Höhe
(Lukas 1,78)

21.12.2014
(4. Advent)
Wir haben seinen Stern gesehen
(Matthäus 2,1–9)

24./25./26.12.2014
(Heiligabend/Weihnachten)
Der Stern über Bethlehem
(Matthäus 2,10–12)

28.12.2014
(1. Sonntag nach dem Christfest)
Sternlieder-Singen an der Krippe

Adventzeit ist Sternenzeit. Doch angesichts all der Glitzersternchen, die überall zu sehen sind, gerät die eigentliche Bedeutung der Sterne leicht in den Hintergrund. Sie erinnern an den Stern von Bethlehem, an eine große Verheißung, einen alten Traum: Ein Friedenskönig wird kommen. Gott selbst wird in die Welt hinein geboren und mit ihm die Hoffnung auf Licht und Leben, Gerechtigkeit und Frieden mitten in allem Weltendunkel. Die Sterne erinnern schließlich auch an Jesus Christus selber, der von sich sagt: »Ich bin der helle Morgenstern.« (Offb 22,16). Die Reihe beschäftigt sich mit alt- und neutestamentlichen Texten, die auf je ihre Weise das Symbol »Stern« beleuchten. Da an den Sonntagen dieser Reihe in der Regel bereits viel Zeit fürs Proben des Krippenspiels verplant ist, werden hier nicht aufeinander bezogene Elemente, sondern liturgische und kreative Bausteine vorgestellt. Egal ob der Kindergottesdienst wöchentlich oder monatlich gefeiert wird, sie dienen der Vertiefung des Themas. So können noch freie Zeitfenster im Kindergottesdienst inhaltlich gefüllt werden.

Liturgische Gestaltung

Zusammenkommen – sich Gott zuwenden

Eingangswort für die ganze Reihe beim Entzünden der Kerze(n)

Gott ist unser Licht.
Er sagt: Fürchte dich nicht.
Gott erhellt die Nacht.
Er gibt auf dich Acht.
Gott schickt seinen Stern.
Er sagt: Ich hab dich gern.

Sendung – Segen

Fürbittengebet: Sternwünsche

Jedes Kind erhält einen Stern (vgl. Kopiervorlage Stern, siehe S. 106). Die Kinder gestalten diesen Stern. Je nach Alter schreiben sie in den Stern hinein, welchen Wunsch für die Welt (oder auch für sich und ihr persönliches Umfeld) sie haben oder sie versehen den Stern im Sinne ihrer Gedanken und Bitten mit einem Symbol bzw. Farben. Besteht die Möglichkeit, dann können die Sternzacken eingefaltet und die Sterne von den Kindern in Wasserschalen gelegt werden. Alternativ können sie ungefaltet auf blaue Tücher zu einem Sternenhimmel gelegt werden.

Lied

»Wünsche schicken wir wie Sterne«
Nun wird das Lied »Wünsche schicken wir wie Sterne zum Himmel hoch in weite Ferne« (KiKiHits 67) gesungen. Währenddessen können die Sternwünsche im Wasser aufgehen.

Segenswunsch

Der Segen kann auch jedem Kind persönlich zugesprochen werden:
Ich wünsche dir einen Himmel voller Sterne.
Sterne, die glänzen, wenn du glücklich bist.
Sterne, die leuchten, wenn es dunkel ist.
Sterne, die dir den Weg zeigen, wenn du nicht mehr weiterweißt.
Ich wünsche dir einen Himmel voller Sterne,
heute und an jedem Tag deines Lebens.
Amen.

Kurzgeschichte

Die Geschichte kann als Impuls an einem beliebigen Sonntag der Reihe erzählt werden. Sie nimmt das Motiv »einem Stern folgen« bildlich auf.

Mensch, hat das heute lange gedauert! Sarah und Ben stürmen aus der Gitarrenstunde. Unbedingt wollte der Lehrer ihnen noch den Dominantseptakkord vorstellen. »Weil es sonst nächste Woche schwierig wird, wenn wir mit den Weihnachtsliedern anfangen

wollen«, meinte er. »Und ich muss noch so viel Hausaufgaben machen und vorher noch bei Frau Lachner die Sachen vorbeibringen, die meine Mutter für den Kindergottesdienst am Sonntag mitgegeben hat.«, jammert Sarah. »Das geht ja noch, *wir* schreiben morgen einen Vokabeltest«, seufzt Ben. An der Kreuzung verabschieden sich die beiden voneinander: »Viel Glück!«, wünscht Sarah Ben. »Danke, kann ich brauchen!«, brummt Ben. »Wenigstens hat meine Schwester nachher Zeit, mich abzuhören.«
»Na dann mal los!«, sagt Sarah zu sich selbst und geht die Hauptstraße hinauf. Holunderweg 2 ist Frau Lachners Adresse. »Wie praktisch, dass du da heute vorbeikommst, Sarah«, hat ihre Mutter vor dem Gitarrenunterricht zu ihr gesagt. »Frau Lachner braucht die Sachen dringend, um den Kindergottesdienst am Sonntag vorzubereiten.«
Also, los! Am Ende der Hauptstraße nach links in das neue Wohngebiet, Sarah bleibt erst einmal stehen und versucht sich zu orientieren. Das ist gar nicht so einfach! Irgendwie sehen die Straßen alle gleich aus. Ihre Mutter hat ihr den Weg beschrieben: »Nach der dritten Straße links rein in die Finkengasse, die läufst du ganz vor, dann biegst du rechts ab in den Rotkehlchenweg und bei der ersten Möglichkeit wieder nach links in die Sanddornstraße, dann sind es nur noch ein paar Meter, der Holunderweg ist die Parallelstraße dazu. Danke, meine Große!«
Finkengasse, Rotkehlchenweg, und wo geht es nach links? Die Tasche ist schwer, es fängt an zu schneien. Kohlmeisengasse, die hatte die Mutter nicht erwähnt. »Lauter Vögel!«, denkt Sarah, »Und weit und breit ist kein Holunder.« Allmählich wird sie müde, sie denkt an den Hausaufgabenberg daheim und irgendwie hat sie auch Hunger bekommen. Amselweg, Starengässchen, Mensch, das war ja zum Auswachsen! »Irgendwo muss ich falsch abgebogen sein.« Der Schnee rieselt leise vom Himmel herunter, es wird schon bald dunkel und Sarah hat sich verlaufen. Und da kullert bereits auch die erste Träne über ihre Wange.
»Ich geh mit meiner Laterne, und meine Laterne mit mir.« Nanu, da singt doch jemand? Sarah wischt sich den Schnee und die Tränen aus dem Gesicht. Am anderen Ende der Straße kann sie zwei Gestalten erkennen, eine große und eine kleine. Als die beiden näher kommen, sieht sie, dass es ein Junge ist, der von einer Frau begleitet wird. Der Kleine hält eine Laterne in der Hand – einen Stern! Wirklich wunderschön ist dieser Stern, so groß und hell und leuchtet ganz warm. »Warten Sie einen Moment, bitte!«, ruft Sarah. »Wo ist denn der Holunderweg?« Die beiden bleiben stehen. »Da wohnen wir«, sagt der Junge. »Komm einfach mit uns!«, sagt seine Mutter. »Super, vielen Dank«, freut sich Sarah. Und dann folgt sie dem Stern.

Antje-Stefanie Rosin und Peter Wolff

Kreative Ideen

Die folgenden fünf Stern-Ideen sind nicht an bestimmte Texte der Reihe geknüpft und daher an jedem Sonntag einsetzbar. Dabei ist das Symbol »Stern« das verbindende Leitmotiv. Der Aufgehende Stern *(s. u.) passt inhaltlich aber besonders gut zum 2. und 3. Advent sowie zum Christfest.*

Stern aus Papierrolle

Material:
Leere Röhrchen von Küchen- bzw. Toilettenpapierrollen; Klebstoff; Farbe (z. B. Deko-Spray); Faden

Anleitung:
Um diesen Stern herzustellen, benötigt man leere Röhrchen von Küchen- bzw. Toilettenpapierrollen. Diese Röhrchen werden flachgedrückt und in ca. 1,5 cm breite Streifen geschnitten. Nun kann man aus den einzelnen Teilen einen Stern zusammensetzen. Dabei werden die Teile mit Alleskleber zusammengeklebt. An den Klebestellen kann man Büroklammern anbringen, um das Zusammenkleben zu unterstützen. Schließlich kann der Stern z. B. mit einem Deko-Spray (Gold, Silber, o. Ä.) gefärbt werden. Am Ende muss nur noch ein Faden durch einen der Bögen gezogen werden und der Stern kann aufgehängt werden.

Foto: Peter Wolff

Stern aus Wäscheklammern

Material:
Holzwäscheklammern; Holzleim; Buntstifte

Anleitung:
Dieser Stern wird aus Holzwäscheklammern hergestellt.
Dazu löst man die Klammern zuerst aus den Drahtfedern in zwei Hälften. Anschließend werden diese beiden Hälften an der Rückseite (am besten mit einem Holzleim) wieder zu einem Teil zusammengeklebt. Mit den neu zusammengeklebten Klammern kann nun ein Stern zur Probe gelegt werden, mit fünf, sechs oder mehr Zacken. Ob sich die Klebeflächen dabei gut eignen, wird man schnell sehen. Mini-Wäscheklammern

benötigen eine kürzere Trocknungszeit. Jedes Kind könnte einen eigenen Stern gestalten.
Alternativ kann jedes Kind nur einen eigenen Zacken zusammenkleben und mit Buntstiften gestalten. Anschließend werden jeweils mehrere Zacken von den Mitarbeitenden zu einem Stern zusammengeklebt. Evtl. müssen sie zum Trocknen bis zum nächsten Sonntag im Gemeindehaus bleiben. Als Überraschung können sie dann die Adventszeit über als Gemeinschaftsprodukte den Kindergottesdienstraum schmücken.

Wickelsternchen

Material:
Papierstreifen (ca. 40–50 cm lang und ca. 1,5–2 cm breit); praktisch und gut geeignet sind Streifen für die Herstellung von Fröbelsternen aus dem Bastelbedarf

Anleitung:
An einem Ende des Papierstreifens wird eine Schlaufe gelegt, die vorsichtig flachgedrückt wird, so dass ein Fünfeck entsteht. Das überstehende Ende (ca. 0,5 cm – 1 cm) wird an einer Kante entlang in das Fünfeck gefaltet.
Danach wird der Papierstreifen gewendet und das Fünfeck wird immer entlang der Streifenkante gefaltet. Dabei sollte darauf geachtet werden, dass die Kante des Streifens immer genau mit einer Außenseite des Fünfecks abschließt. Das Endstück des Streifens

Stern aus Wäscheklammern
Foto: Peter Wolff

Wickelsternchen
Foto: Peter Wolff

wird abschließend in die Schicht des Fünfecks gesteckt, die bei der letzten Umwickelung entstanden ist.
Jetzt wird mit dem Fingernagel des Daumens jeweils die Mitte einer Fünfeckseite vorsichtig eingedrückt. Manchmal ist etwas mehr Kraft nötig, hier evtl. die Mitarbeitenden helfen lassen. Auf diese Weise erhält das Fünfeck kleine Zacken und das Sternchen entsteht.

Eine Faltanleitung gibt es online unter: http://stempelwiese.de/1951/video-tutorial-origami-stern

Aufgehender Stern

Dieser Vorschlag lässt sich dem 2. oder 3. Advent zuordnen (Kopiervorlage Stern: Es wird ein Stern aus Jakob aufgehen; Das aufgehende Licht aus der Höhe) oder auch dem Christfest (Kopiervorlage Stern mit Krippe: Stern über Bethlehem). Er ist auch für die Gestaltung des Fürbittengebets verwendbar.

Material:
Gelbes Papier, Kopiervorlage, Schere; Glasschale oder tiefer Teller, mit Wasser gefüllt

Anleitung:
Die Kopiervorlage wird auf gelbes Papier kopiert. Die Kinder können den Stern ausschneiden und ggf. noch bemalen. Dann werden die Zacken nach innen gefaltet, so dass in etwa ein Oktagon entsteht. Je nachdem, welche Kopiervorlage verwendet wird, wird so das Krippenmotiv überwiegend bedeckt.
Der zusammengefaltete Stern wird sich langsam wieder öffnen, wenn er auf das Wasser gelegt wird.

Kopiervorlage Stern

Kopiervorlage Stern mit Krippe

Zeichnungen: Peter Wolff

Die Kopiervorlagen für den Stern finden Sie auch im *Material im Internet, siehe Vorwort.*

»Stroh«-Stern legen

Diese Lege-Aktion lässt sich auch mit echten Strohhalmen durchführen. Vielleicht gerade dann, wenn man nicht auf dem Boden, sondern an einem Tisch legen möchte.

Fotos: Peter Wolff

Material:
Tücher (schwarz oder dunkelblau), Papierstreifen (in Gelbtönen: am einfachsten mehrere Bögen Papier oder Karton durch einen Aktenvernichter geben)

Anleitung:
Die Kinder werden aufgefordert, sich mehrere Papierstreifen zu nehmen und auf dem Untergrund des dunklen Tuchs einen Stern zu legen. Es können auch mehrere Kinder miteinander einen Stern gestalten. Um die Konzentration der Kinder zu lenken, kann ruhige Musik gehört werden. Am Ende können die verschiedenen Sterne in ihrer Unterschiedlichkeit und Aussagekraft bestaunt werden. Schon beim Legen der Sterne wird ein beeindruckender Kontrast wahrnehmbar, der zwischen dunklem Grund und leuchtendgelbem Stern entsteht. Er kann verdeutlichen, wie der Stern von Bethlehem die Dunkelheit erhellte.

Stichworte:
Adventssymbol, Licht, Stern, Wegweiser

Peter Wolff

Zusatzmaterial

Bunte Stern-Kekse

Man braucht: 55 g Butter, 50 ml goldgelber Sirup (oder Honig), 55 g Zucker, 115 g Mehl, 1/2 Teelöffel Natron, 1/2 Teelöffel Zimt, 1/2 Teelöffel Piment, 10 Fruchtbonbons, eine große und eine kleine Sternform, Backpapier, Schüssel, Kochtopf

Mehl, Zucker, Gewürze und Natron in eine Schüssel sieben. Sirup und Butter in einem Topf bei niedriger Hitze erwärmen, den Topf vom Herd nehmen, wenn die Masse flüssig ist. Alles miteinander vermischen und zu einer Kugel kneten. Teig auf bemehlter Fläche 1/2 cm dick ausrollen, zehn große Sterne ausstechen und auf das mit Backpapier belegte Blech legen, aus jedem Sternkeks einen kleinen Stern ausstechen, in dieses Sternenloch je ein Fruchtbonbon legen.
Die kleinen ausgestochenen Sterne mit Krümelkandis bestreuen, im vorgeheizten Backofen bei 180° zehn Minuten backen. Erst wenn die geschmolzenen Bonbons wieder fest sind, vom Blech nehmen und auf ein Rost legen.

Für Sternen-Anhänger
nach dem Abkühlen vorsichtig mit einer Nadel ein Loch in die Sterne bohren
ein schmales, buntes Band als Aufhänger anbringen

Nach demselben Rezept kann man auch Herzen als Alternative zum Rezept auf Seite 55 backen.

Fotos: Urd Rust

Register

I. Bearbeitete Bibelstellen

II. Lieder

III. Thematische Stichworte

IV. Liturgische Texte/Aktionen

Zusammenkommen – sich Gott zuwenden

Hören und antworten

Feiern-Teilen

Sendung – Segen

Symbole

Basteln

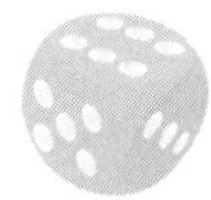
Spielen

Essen

Theater

Bibel

Theologisierendes Gespräch

Malen

Gestalten mit Gegenständen

Musik

Miteinander – aneinander

Material im Internet